辅德文库

FAZHIHUA YINGSHANG HUANJING YU
QIYE XINGSHI HEGUI JIANSHE

法治化营商环境与企业刑事合规建设

赵江水　田　磊　任　军 · 主编

黄河出版传媒集团
阳　光　出　版　社

图书在版编目（CIP）数据

法治化营商环境与企业刑事合规建设 / 赵江水，田磊，任军主编. -- 银川：阳光出版社，2023.12
（辅德文库）
ISBN 978-7-5525-7233-9

Ⅰ. ①法… Ⅱ. ①赵… ②田… ③任… Ⅲ. ①投资环境-研究-中国 ②企业法-研究-中国 ③刑法-研究-中国 Ⅳ. ①F832.48 ②D922.291.914 ③D924.04

中国国家版本馆 CIP 数据核字(2024)第 028853 号

法治化营商环境与企业刑事合规建设 赵江水 田磊 任军 主编

责任编辑 丁丽萍 马伟锴
封面设计 晨 皓
责任印制 岳建宁

黄河出版传媒集团
阳 光 出 版 社 出版发行

出 版 人 薛文斌
地　　址 宁夏银川市北京东路 139 号出版大厦（750001）
网　　址 http://www.ygchbs.com
网上书店 http://shop129132959.taobao.com
电子信箱 yangguangchubanshe@163.com
邮购电话 0951-5047283
经　　销 全国新华书店
印刷装订 宁夏凤鸣彩印广告有限公司
印刷委托书号 （宁）0028833

开　　本 710 mm×1000 mm 1/16
印　　张 15.75
字　　数 230 千字
版　　次 2023 年 12 月第 1 版
印　　次 2023 年 12 月第 1 次印刷
书　　号 ISBN 978-7-5525-7233-9
定　　价 58.00 元

前 言

优化营商环境是企业稳定发展的重要保障，强化合规管理是企业长远发展的必由之路。近年来，我国从上到下坚持稳中求进工作总基调，完整、准确、全面贯彻新发展理念，加快构建新发展格局，着力推动高质量发展，坚持社会主义市场经济改革方向，坚持“两个毫不动摇”，加快营造市场化、法治化、国际化一流营商环境，优化民营经济发展环境，依法保护民营企业产权和企业家权益，全面构建亲清政商关系，使各种所有制经济依法平等使用生产要素、公平参与市场竞争、同等受到法律保护，引导民营企业通过自身改革发展、合规经营、转型升级不断提升发展质量，促进民营经济做大做优做强。

党中央、国务院高度重视优化营商环境工作，把优化营商环境作为激发市场主体活力和社会创造力、推动高质量发展的重要抓手。习近平总书记多次指出，法治是最好的营商环境，要营造稳定、公平、透明、可预期的营商环境。企业合规管理是我国企业防范风险、创新发展、提升竞争力的内在保障机制，是构建市场化、法治化、国际化营商环境的重要组成部分，也是我国国家治理体系和治理能力现代化的重要标志。我国“十四五”规划明确将“引导企业加强合规管理”“推动民营企业守法合规经营”作为奋斗目标，近年来相继出台了一系列引导企业强化合规管理的标准、指引和政策，国有企业特别是中央国有企业先行先试，在促进我国企业合规发展方面，发挥了重要的引领与带动作用。

优化营商环境就是要破除制约企业生存发展的体制性因素和条件，不断解放和发展社会生产力，推动经济高质量发展。优化营商环境是推动企业合规经营的应有之义，推动企业合规经营是优化营商环境的时代选择，两者表现为相互促进、有机一体的关系。企业一旦违规违法经营，国家则会发挥合规主导责任，以行政处罚或刑事处罚减免为动力激励企业建立和强化合规管理制度，基本形成了以行刑衔接机制为核心的企业合规监管制度。现代化企业经营管理的主要内容就是构建有效的合规管理体系，如此才能真正防范和抵御企业经营发展过程中的各种法律风险，提高企业的抗风险能力和市场竞争力，企业才能行稳致远。因此，企业必须结合自身实际情况，加强全面合规建设和专项合规建设。

宁夏辅德律师事务所刑事部江水刑辩团队系由律所主任赵江水律师组建的专业刑事辩护团队，牵头成立了宁夏律师协会公司律师参与合规管理委员会。团队成员积极探索、试行推动涉案企业合规，办理了多家涉案企业的合规整改工作并通过合规验收。服务对象包括工业、冶金、建材、能源、建筑、医疗器械、第三方物流等大中小微企业，帮助涉案单位找准症结所在、攻破现有发展桎梏、调整生产经营结构，通过合规整改使得企业重获新生，为地方营商环境的优化提升贡献专业力量。2021 年 4 月，宁夏辅德律师事务所接受自治区发展和改革委员会委托，集中营商环境服务中心和发展研究中心的优势研究力量，对宁夏优化营商环境工作进行深入研究，撰写《宁夏回族自治区优化营商环境研究报告》，起草形成了《宁夏回族自治区优化营商环境条例（草案)》初稿，多次征求自治区各部门、各市县及有关方面意见，多次对条例（草案）进行修改和打磨，直至自治区人大常委会会议 2022 年 4 月表决通过，充分彰显了律所营商环境服务中心和发展研究中心在营商环境研究领域的优势和水平。

为深入研究企业合规建设中的新形势、新变化和新问题，江水刑辩团队以“法治化营商环境与企业刑事合规建设”为主题，由赵江水律师、田磊律师和任军教授进行策划、指导，律所合伙人薛波律师（负责第二章

第一节和第三章部分案例）、合伙人张玥律师（负责第二章第二、三节和第三章部分案例）、合伙人袁媛律师（负责第四章）和专职律师马建宏（负责第三章大部分案例）开展具体工作，对营商环境与企业刑事合规问题进行了理论阐释，结合实践对涉案企业刑事风险与合规工作内容及流程进行探讨，同时，分析和研究企业刑事合规典型案例，并汇总了从国家到自治区层面的企业刑事合规相关政策，在此基础上形成了这部著作，并对司法实践中应当注意的问题提出了建设性的意见，希望能够让对企业合规建设感兴趣的读者对此问题有整体把握，对企业合规工作贡献绵薄之力。

为彰显律所研究实力，打造律所学术文化，宁夏辅德律师事务所自2022 年以来，开展“辅德文库”的建设工作。本书即文库第一部著作《〈宁夏回族自治区优化营商环境条例〉解读》出版之后的第二部专著。在企业合规建设领域，企业法律风控与合规管理、行政监管合规相关问题、企业信用和社会责任与评价、合规业务与相关机构角色和作用、合规人力资源与人才培养、合规管理的有效方式与技术措施、企业合规与多元法律纠纷解决机制、合规事业发展与法治生态等问题都需要继续深入研究，期待文库有更多的著作出版。

本书在编写过程中，得到了著名法学家、北京大学法学院陈瑞华教授的指导和帮助。黄河出版传媒集团阳光出版社丁丽萍女士为本书的出版做了不少工作，一并致谢！由于作者的研究工作尚处于起步阶段，各个方面都难免存在讹误，恳请方家不吝指教。

赵江水　田　磊　任　军
2024 年 2 月于银川

目 录

第一章　营商环境与企业刑事合规

第一节　法治化营商环境及其两种支撑维度

一、营商环境的界定及其主要参与者

营商环境的优劣，直接影响市场主体的兴衰、生产要素的聚散、发展动力的强弱。经济社会发展的动力，源于市场主体的活力和社会创造力，很大程度上取决于营商环境。当前，全球化发展日益呈现出扁平化、网络化的特征，资本、人才、创新等高端资源要素在全球范围内加速流动。因此，优化营商环境日益成为国家或地区发展能否广泛吸引优质企业、能否深度融入全球市场、能否在全球竞争中占据有利位置的核心因素。优质的营商环境如同一个强大的吸引场，能够承载要素流动，吸引项目落地，凝聚企业创业，是滋养企业发展、创新创业的丰厚土壤。优化营商环境已成为世界范围内激发市场活力、进一步吸引和提振国际投资的关键因素，也成为各国推动国内经济转型升级的共同追求。面对经济全球化带来的机遇和挑战，探索高水平投资自由化便利化政策措施，以开放合作促进国际投资重新焕发生机，具有重要意义。

（一）营商环境的界定

营商环境的概念最早由世界银行提出。为了加快各国私营市场主体的发展，世界银行 Doing Business 团队于 2002 年启动了《营商环境报告》项

目，通过评估不同经济体及其代表性地方城市在不同时期的营商法规及其执行情况，形成可供比较的营商监管环境指标，以达到鼓励各国和地区提高监管效率和监管水平的目的。《营商环境报告》首次发布于 2003 年，包括 5 项指标和 133 个经济体，在最新一期的《2020 年营商环境报告》中，以 12 项指标对 190 个经济体的营商便利度进行了排名。世界银行在这一阶段，主要将营商环境定义为企业在开设、经营、贸易活动、纳税、关闭及执行合约等方面遵循政策法规所需要付出的时间和成本等，即一个国家或地区经济政策的自由度和便利度。

2021 年 9 月，世界银行停止发布《营商环境报告》及相关数据，2022 年 12 月，世界银行发布最新的《营商环境评估体系概念说明》(*Business Enabling Environment*)，主要从 10 个主要评价领域和两个贯穿各领域的主题开展营商环境评价。在指标设置上，每个领域的指标都可以分为三类。第一类指标衡量监管质量，主要考察监管的透明度、准确性、可预测性和重要性，在部分领域将采用国际公认的最佳监管实践作为标杆。第二类指标衡量公共服务，主要考察机构设置、基础设施以及保证市场正常运行的公共服务项目（包括政府直接提供的服务和通过购买服务方式提供的服务）。第三类指标衡量整体效率，这类指标采取企业调研和（或）专家评议方式进行评价，主要从市场主体的实际感受出发，考察监管和公共服务的目标是否真正实现。此外，每个领域都有指标反映数字技术应用程度和便利度以及是否有利于经济社会可持续发展这两大跨领域主题。[①]

在实际操作中，为了便于营商环境的国别分析和地区比较，研究者一般采用一系列达成共识的维度衡量一国或地区的营商环境，包括物质基础设施、法律制度、金融系统、宏微观政策环境、社会环境等等。除了影响

①见世界银行新营商环境评价体系介绍(https://www.worldbank.org/en/businessready)。

最为广泛的世界银行定义之外，世界银行的世界营商环境调查、经济学人智库营商环境报告、国际商业观察的营商环境排名、世界银行与欧洲复兴开发银行合作开展的营商环境与企业业绩调查和世界银行的生产率与营商环境调查等营商环境调查对营商环境的构成作了不同侧面的描述，指标涵盖了从宏观政治经济社会环境到微观劳动关系、政商关系、产能利用率等多方面的内容，对可能制约企业生产经营的必经环节和关键要素进行了详尽的分析，但与世界银行营商环境报告相似的是，这些定义基本都局限于与企业生命周期相关的软环境条件方面。

营商环境研究一般有四种角度。第一种研究角度遵循世界银行营商环境报告的定义，从企业生命周期的各个环节出发进行讨论。第二种研究角度从宏观层面将营商环境定义为会对企业活动造成影响的经济要素、政治要素、法律要素、社会要素与文化要素等要素的集合，将营商环境看作区域综合竞争力的体现。这些要素既包括与企业活动直接相关的部分，如市场开放程度、行政审批效率、产权保护程度、合同执行情况、税负和融资难度等等，也包括与企业活动不直接相关的部分，如劳动力受教育水平、基础研究发展水平、社会稳定程度和商业氛围等等。第三种研究角度在微观层面将营商环境与投资环境等同起来，认为优化营商环境就是招商引资2.0，主要是通过优惠政策和改善服务，吸引企业和资本进入。第四种研究角度不对营商环境的定义和内涵做过多的辨析，而是将关注点更多的放在问题和对策的讨论上。

（二）营商环境的主要参与者

国务院《优化营商环境条例》、《宁夏回族自治区优化营商环境条例》等法律法规将营商环境定义为企业等市场主体在市场经济活动中所涉及的体制机制性因素和条件。其中包含三个核心要素：一是以“企业等市场主体”为中心，二是以“市场经济活动”为过程，三是以“体制和机制性因素和条件”为落脚点。由此可见，与世行指标的“成本—收益”量化评测不同，我国营商环境政策更强调“体制和机制”。在上述三要素基础上，我国营商环境制度可以进一步分为“产权保护”“简政放权”及“市场经济”三个领域，这个定义在一定程度上反映了我国优化营商环境的现实需求，也确立了优化营商环境在国家顶层制度设计中的重要地位。[①]从这一定义来看，营商环境的主要参与者有两类，第一类是公共机构，第二类是企业等市场主体。公共机构合法运行与企业合规运行，构成了法治化营商环境建设的两个支撑维度。

关于公共机构，国务院《优化营商环境条例》和各地方条例表述为：国家机关、政府、金融监督管理部门、公用企事业单位、税务机关、不动产登记机构、中介服务机构、知识产权部门、人力资源和社会保障部门、发展改革部门、政府服务部门、经济与信息化部门、口岸管理部门、法院、检察院等等。尽管各条例强调中介服务机构与行政机关脱钩，但因其提供服务具有公共性，也可以归入公共机构。[②]

关于市场主体，《中华人民共和国市场主体登记管理条例》第二条规定，市场主体是指在中华人民共和国境内以营利为目的从事经营活动的下列自然人、法人及非法人组织：（一）公司、非公司企业法人及其分支机构；（二）个人独资企业、合伙企业及其分支机构；（三）农民专业合作社（联合社）及其分支机构；（四）个体工商户；（五）外国公司分支机构；（六）法律、行政法规规定的其他市场主体。截至 2022 年年底，全国登记在册市场主体 1.69 亿户，较 2021 年年底增长 10.03%。其中企业 5282.6 万户，个体工商户 1.1 亿户，农民专业合作社 223.6 万户；全国新设市场主体 2907.6 万户，同比增长 0.71%。

---

①吴烨:《论优化营商环境的私法路径》,《甘肃社会科学》,2022 年第 1 期。

②李本灿:《法治化营商环境建设的合规机制——以刑事合规为中心》,《法学研究》,2021 年第 1 期。

近年来，国内有关营商环境的研究已发生分化，其成果大体体现为两种不同的研究路向，即公共机构治理路向和市场主体治理路向。前者主要从“放管服”改革“营商环境评价”和“政府职能”等角度出发，探讨如何运用公权力优化营商环境；后者主要从“市场主体”“企业社会责任”和“企业绩效”等角度切入，探讨营商环境对企业经营的影响。由此观之，营商环境已不再是抽象的概念，公共机构和市场主体都在采取措施与之相调适，但同时相关研究仍十分欠缺。例如，对于营商环境的优化能否实现公私协同治理的问题，学界尚未展开充分探讨。应当承认，现阶段关于企业助力营商环境建设的例子在现实中比比皆是。由此不难发现，优化营商环境既要发挥公共机构的主导作用，同时也离不开市场主体的积极参与。

二、法治化营商环境支撑维度之一：公共机构合法运行

2013 年，党的十八届三中全会《关于全面深化改革若干重大问题的决定》在“加快完善现代市场体系”部分提出“建设法治化营商环境”的目标。2015 年 10 月，党的十八届五中全会强调“形成对外开放新体制，完善法治化、国际化、便利化的营商环境”。2019 年 2 月，习近平总书记主持召开中央全面依法治国委员会第二次会议强调，法治是最好的营商环境。2020 年 1 月，国务院《优化营商环境条例》正式实施，从制度层面为法治化营商环境提供更加有力的保障和支撑。

法治是现代市场经济的有效运行重要条件之一，是规范公共权力行使、市场经济有序运行、市场主体平等竞争和权益不受侵害的根本保障。营商环境则是指影响市场主体的设立、经营和退出产生的各种条件和状况的总和，良好营商环境已成为保证国家竞争力，吸引对外直接投资是当地经济可持续发展的重要影响因素。法治化营商环境意味着将法治与营商环境有机统一，这样才能有效促进和规范市场经济发展。

法治化营商环境具有双重含义，一方面是指从法治的视角来看待营商

环境的法治化程度，另一方面是指营商环境当中的法治环境。完善的法治化营商环境需要以完备法律法规作为制度基础，要使公共机构的公权力受到严格约束，从单纯的市场监管者转变为市场秩序维护者、市场经济服务者等多元角色，要规范司法行为，保障司法公正，深化司法公开，要让公众从司法裁判中感受到法律的公平正义。同时，市场主体也要具备诚实守信、公平竞争的守法意识。[①] 概而言之，法治化营商环境重在强调营商环境的“法治化”程度，在法规制定、商事登记、行政许可、市场监管、纠纷解决、产权保护、合同履行等方面，公共机构和市场主体均能够遵循法治思维和法治方式办事，形成法制体系完善，执法严格规范、司法公正透明和全民守法的良好营商环境。法治化营商环境既是“全面依法治国”原则的具体体现，也是推动法治经济发展的关键环节。只有建立起完善的法治化营商环境，才能保障和促进经济高质量的可持续发展。

国务院《优化营商环境条例》、《宁夏回族自治区优化营商环境条例》等法律法规明确规定，优化营商环境应当坚持市场化、法治化、国际化原则，以市场主体需求为导向，以深刻转变政府职能为核心，创新体制机制，强化协同联动，完善法制保障，对标国际先进水平，为各类市场主体投资兴业营造稳定、公平、透明、可预期的良好环境。因此，法治化营商环境首先需要公共机构守法合规，以法治思维和法治方式优化营商环境。

（一）公共机构应加强市场主体平等保护

加强市场主体平等保护，是社会高度关注的问题之一。公共机构应当坚持权利平等、机会平等、规则平等，保障各种所有制经济平等受到法律保护，着力加强对各类市场主体的平等保护，落实市场主体公平待遇。第一，平等对待各类市场主体，依法保护各类市场主体在使用要素、享受支

①王利明:《坚持依法治国，完善法治化的营商环境》,《中国社会科学报》,2015 年 11 月 20 日。

持政策、参与招标投标和政府采购等方面的平等待遇，为各类市场主体平等参与市场竞争强化法律支撑。第二，为市场主体提供全方位的保护，依法保护市场主体经营自主权、财产权和其他合法权益，保护企业经营者人身和财产安全。加大对市场主体知识产权的保护力度，建立知识产权侵权惩罚性赔偿制度。第三，为市场主体维权提供保障，推动建立全国统一的市场主体维权服务平台，为市场主体提供高效、便捷的维权服务。

（二）公共机构应营造良好市场环境

公共机构应当破解市场主体生产经营活动中的痛点难点堵点问题，着力净化市场环境，更好地激发市场主体更多活力、提高竞争力。第一，破除市场准入和市场退出障碍，通过深化商事制度改革、推进证照分离改革、压缩企业开办时间、持续放宽市场准入等措施，为市场主体进入市场和开展经营活动破除障碍。优化市场主体注销办理流程，精简申请材料、压缩办理时间、降低注销成本，推动解决市场主体“退出难”问题。第二，落实减税降费政策，严格落实国家各项减税降费政策，保障减税降费政策全面、及时惠及市场主体，并对设立涉企收费作出严格限制，切实降低市场主体经营成本。第三，解决“融资难、融资贵”问题，鼓励和支持金融机构加大对民营企业和中小企业的支持力度、降低民营企业和中小企业综合融资成本，不得对民营企业和中小企业设置歧视性要求。

（三）公共机构应提升政务服务水平

公共机构应当打造公平、公开、透明、高效的政府运行体系，着力提升政务服务能力和水平，提供惠企便民的高效服务。第一，推进政务服务标准化，明确政府及其有关部门应当落实减环节、减材料、减时限要求，编制并向社会公开政务服务事项标准化工作流程和办事指南，推动同一事项无差别受理、同标准办理。第二，推进马上办、网上办、就近办、一次办，政府及其有关部门应当推行当场办结、一次办结、限时办结的服务模式，实现集中办理、就近办理、网上办理、异地可办，推进全国一体化在线政务服务平台建设、政务信息整合共享、电子证照推广应用，使“一网、一门、一次”改革要求成为有法律约束力的制度规则。第三，推进行政审批制度改革，严格控制新设行政许可并大力精简已有行政许可，通过整合实施、下放审批层级等多种方式，优化审批服务，提高审批效率。第四，推进重点领域服务便利化，对标国际一流标准，推广国内最佳实践，提升办理建筑许可、跨境贸易、纳税、不动产登记等与市场主体生产经营活动密切相关的重点领域政务服务便利化程度。

（四）公共机构应规范和创新监管执法

公共机构应当规范和创新监管执法，促进公平公正监管、更好实现公平竞争。第一，推动健全执法机制，建立健全跨部门跨区域行政执法联动和响应机制，在相关领域推行综合行政执法，减少执法主体和执法层级，解决困扰市场主体的行政执法检查过多过频问题，实现从监管部门“单打独斗”转变为综合监管，做到“一次检查、全面体检”。第二，推动创新监管方式，实行“双随机、一公开”监管，推行“互联网+监管”，对新兴产业实行包容审慎监管。第三，推动规范执法行为，行政执法应当依法慎重实施行政强制，减少对市场主体正常生产经营活动的影响，不得随意采取要求市场主体普遍停产、停业的措施，避免执法“一刀切”。行政执法应当规范行使自由裁量权，合理确定裁量范围、种类和幅度。

（五）公共机构应加强营商环境建设的法治保障

公共机构应当推进法治政府建设，重点解决法规政策制定透明度不足，新出台法规政策缺少缓冲期，企业对政策环境缺乏稳定预期等突出问题，着力提高政策透明度和稳定性，强化营商环境的法治保障。第一，增强法规政策制定的透明度，制定与市场主体生产经营活动密切相关的法规政策，应当充分听取市场主体、行业协会商会的意见；除依法需要保密外，应当向社会公开征求意见并反馈意见采纳情况。第二，增强法规政策实施的科学性，新出台法规政策应当结合实际为市场主体留出必要的适应调整期，并加强统筹协调、合理把握出台节奏、全面评估政策效果，避免因政策叠加或相互不协调对市场主体正常生产经营活动造成不利影响。第三，加大涉企法规政策的宣传解读力度。政府及其有关部门应当集中公布涉及市场主体的各类法规政策，并通过多种途径和方式加强宣传解读。[①]

三、法治化营商环境支撑维度之二：企业合规运行

（一）企业合规与法治化营商环境的价值目标一致性

市场主体是营商环境的主要参与者之一，而企业作为最重要的市场主体，对优化营商环境负有不可推卸的责任。企业合规是近年来企业界和法律界共同关注的热词，是社会经济发展新阶段对企业治理提出的新要求，体现了公共机构社会监管理念的转变，是国家治理体系现代化的重要组成部分。法治化营商环境建设在企业治理层面呼唤企业合规，企业合规可有效助推法治化营商环境建设。法治化营商环境建设与企业合规在内在价值层面具有一致性，两者有机互动，可共同促进市场组织体健康可持续发展，助推国家治理能力现代化。

根据《中央企业合规管理办法》的规定，企业合规是指企业经营管理行为和员工履职行为应当符合“国家法律法规、监管规定、行业规约规范和国际条约、规则以及公司章程、相关规章制度”的要求。按合规行为性质的不同，可以分为企业经营合规、企业管理合规和员工履职合规；按国家法律规定的不同，可以分为刑事合规、行政合规和民事合规。从内容上看，企业合规主要包括两个方面：一是企业积极主动地采取措施，建立健全合规管理体系（包括合规组织、合规制度、合规流程等）并予以有效实施，此为合规自律；二是有关国家机关和行业组织对企业与员工的行为是

①《以政府立法为各类市场主体投资兴业提供制度保障——司法部、发展改革委负责人就〈优化营商环境条例〉有关问题答记者问》，《财经界》，2019 年第 11 期。

否合规所进行的引导、监督和奖惩，此为合规他律。企业合规的目的在于加强企业管理，保障和促进企业依法依规经营，有效防控合规风险，进而提高企业的竞争能力。

在不同视角下，企业合规的功效有所不同，但总体而言，对企业合规最终目标的认识基本一致，即助力企业防范法律风险，推动企业健康持续发展。2018 年 11 月 1 日，习近平总书记在民营企业座谈会上指出："非公有制经济要健康发展，前提是非公有制经济人士要健康成长。"在 2023 年全国两会上，习近平总书记进一步指出："民营企业家要增强家国情怀，自觉践行以人民为中心的发展思想，增强先富带后富、促进共同富裕的责任感和使命感。"在民营经济占有巨大体量的形势下，民营企业的生产经营关系着众多人的就业和收入，和社会民生息息相关。实现共同富裕的战略部署无法离开民营经济这个动力源。

企业健康持续发展离不开企业内部的努力和外部的促进，而企业外部的营商环境则以直接或间接的方式影响着企业的内部决策行为。因此，优化营商环境与企业合规也具有目标一致性。此外，合规体系并不限于国家法律法规，还涵盖国际条约、行业规约和指南、企业规章、商业习惯等等社会、经济领域的规范和规约，而营商环境也囊括法律、社会、经济等多种要素。不难看出，营商环境与企业合规在内部要素方面存在诸多共通之处。

以上便是近年来各方一直呼吁推行企业合规改革的重要原因。企业合规的直接目的在于防控合规风险，助推企业高质量发展，而深层价值则是社会治理方式转变，有助于推进企业依法治理，从而助推法治化营商环境建设。企业合规建设也是法治化营商环境的应有之义，两者在价值内涵层面存在密切关联，都是新型社会治理方式，践行国家治理法治化道路。①

①王以成:《企业合规助力法治化营商环境建设》,《中国外资》,2022 年第 3 期。

从 2018 年 4 月起，我国一些企业开始重视并着手进行合规建设，与此同时，一些国家机关和行业组织也在积极扮演企业合规推动者的角色。2018 年 11 月，国务院国有资产监督管理委员会印发《中央企业合规管理指引（试行)》，并陆续编发反垄断、出口管制、反商业贿赂等一系列重点领域合规指南。2020 年 3 月，最高人民检察院率先在深圳市南山区等六家基层人民检察院开展“企业犯罪相对不起诉适用机制改革”试点工作。2021 年 4 月，最高人民检察院下发《关于开展企业合规改革试点工作的方案》，将改革试点范围扩大到十个省级地区，并在前期改革试点的基础上要求各级检察机关探索督促企业建立合规管理体系、践行合规承诺。2022 年 4 月，最高人民检察院会同中华全国工商业联合会召开会议，在总结过去两年企业合规改革试点工作的基础上，决定在全国范围内全面推开改革试点。2022 年 10 月 1 日，国务院国资委制定的《中央企业合规管理办法》开始实施。至此，一个由国家机关和行业组织大力推动的企业合规建设在全国范围内逐步铺开。

（二）以企业合规促进企业健康发展、企业家健康成长

在我国，法治的基本要求之一是“全民守法”，这其中自然应当包括企业守法。而加强企业合规建设，无疑能够促使企业经营管理行为和员工履职行为依法依规进行，进而促进法治化营商环境建设向更宽领域拓展和更高水平迈进。毋庸置疑，企业合规作为法治化营商环境建设的一个崭新领域，具有以下几个方面的作用。

第一，激励作用。通过对涉案企业依其制定和实施合规计划的情况予以从轻处理或在其进行合规整改后给予从宽处理，可以激励其他企业建立健全合规管理体系或鼓励涉案企业主动整改，从而促使广大企业积极参与企业合规建设，自觉依法依规经营，促进我国企业的持续健康发展。

第二，约束作用。企业在内部建立合规管理体系，培育合规文化，加强自我管理，可以有效约束和保障企业的经营管理行为和员工的履职行为依法依规进行，从而最大限度避免和减少合规风险的发生。

第三，辐射作用。我国企业数量庞大，广泛推进企业合规建设，可以对多达数亿的企业高管和员工的生产、经营和管理行为起到教育、引导、激励和约束作用，进而促使“全民守法”这一法治目标要求的全面实现。

第四，维稳作用。对于实施单位犯罪或严重违法违规行为的企业，检察机关或有关行政执法机关在进行合规整改后予以从宽处理，可以防止企业因被严厉制裁而发生破产、倒闭或其他难以为继的情况发生，避免员工大量失业，切实维护社会和谐与稳定。①

（三）如何在法治化营商环境建设过程中推进企业合规建设

第一，组织和引导企业根据自身情况建立健全合规管理体系。根据企业合规建设的规律和经验，合规管理体系应当符合组织严密、职责明确、运行有序的要求，具体包括：一是建立由企业董事会、经理层、首席合规官（总法律顾问兼任）和专职合规管理人员以及合规委员会等组成的合规管理体制，并设置业务和职能部门、合规管理部门和纪检监察审计等监督部门分别实施合规管理的“三道防线”。二是建立健全合规管理制度体系，包括制定合规管理基本制度、具体制度和专项指南，构建分级分类的合规管理制度体系，并强化对制度执行落实情况的检查。三是全面规范合规管理流程，包括对合规风险识别评估预警、合规审查、风险应对、问题整改、责任追究等，实行合规风险闭环管理。四是通过法治专题学习、合规培训、宣传教育、制定和发放合规手册、组织签订合规承诺、张贴合规标语或箴言、编印典型案例等多种方式，全面强化全员守法诚信和合规经营意识，培育企业合规文化。五是加强合规管理信息化建设，运用信息化手段将合规要求和防控措施嵌入业务流程，利用大数据等技术对重点领域、

①谭世贵、陆怡坤:《优化营商环境视角下的企业合规问题研究》,《华南师范大学学报(社会科学版)》,2022年第4期。

关键节点开展实时动态监测，实现合规风险及时预警、快速处置。

第二，修订相关法律法规，对建立了合规管理体系以及制定和实施了合规计划的涉案企业给予从宽处理。一方面，随着企业刑事合规试点工作的全面铺开，各地检察机关通过对涉案企业采取合规整改、相对不起诉或附条件不起诉、检察建议等方式，对涉案企业给予从宽处理，挽救了一批犯罪的企业，促进了经济发展和社会稳定。但检察机关对犯罪情节并非轻微的涉案企业作出相对不起诉或附条件不起诉的处理，目前并无实体法或程序法上的依据。另一方面，企业合规涉及反垄断、反不正当竞争、反商业贿赂、生态环保、安全生产、劳动用工、税收管理、数据信息保护等众多行政管理领域，对于企业的不正当竞争、垄断经营、偷税漏税、破坏生态、污染环境、侵犯公民个人信息等违法行为，有关行政主管部门有责任要求相关企业进行整改，完善合规计划或规章制度；对于企业违反相关法律法规应当予以行政处罚，但经过考察评估，认定该企业确实建立了合规管理体系、制定了完整的合规计划并已实施或经过整改达到合规计划要求的，应给予从轻处理，但我国法律在这方面暂付阙如。

国内外法治实践证明，合规管理体系的建立以及合规计划的实施，对于预防企业合规风险特别是违法犯罪的发生具有显著作用，而建立奖励机制，能够鼓励和引导企业积极建立合规管理体系和实施合规计划，从而收到事半功倍的效果。为此，我们应当在试点的基础上总结经验，通过修改刑法、刑事诉讼法、行政处罚法或其他相关法律法规的方式，对建立了合规管理体系以及制定和实施了合规计划的涉案企业予以从宽处理，进而吸引越来越多的企业参加到合规建设中来，使我国的法治化营商环境建设更加深入、更有成效。

第三，推动更多国家机关和行业组织参与企业合规建设。例如，人民法院在审理不正当竞争纠纷、垄断纠纷、环境污染责任纠纷、生态破坏责任纠纷、合同纠纷等案件的过程中，发现当事企业的规章制度存在漏洞或风险的，可以采用司法建议的方式，向企业或其主管部门提出建议，要求其进行整改并报告整改情况；也可以就此发布相关指导性案例，以引起存在相同或相似问题的企业及其主管部门的重视并加以纠正，进而促使更多的企业达到合规要求。又如，近年来，中华全国工商业联合会深度参与了企业合规建设的推进工作。未来，各企业家联合会以及各行业组织（例如钢铁、有色金属、煤炭、石油、新能源、交通运输、化工、建筑、环保等行业组织）也可以参与到企业合规建设中来，发挥其在企业合规建设中宣传发动、组织引导、监督评估、表彰奖励等作用，以全面推动和广泛促进我国各类企业的合规建设。①

第二节 “大合规”背景下企业刑事合规的二重属性和功能

一、企业刑事合规的理论基础

（一）企业刑事合规契合风险社会刑法理论的基本要求

传统的刑法理论要求刑法必须在行为对社会法益造成实际损害时才能对行为人实施制裁，这种制裁往往属于事后惩罚性的，其合理之处是能够严格控制刑法的介入程度，不使刑法过早地介入社会生活。但在风险社会下，由于风险无处不在，一旦风险转化为现实的危害，事后的惩罚无法有效弥补犯罪对社会法益的侵害。风险社会下各种风险的大量出现，使得刑法的提前介入是不可避免的。出于预防犯罪的需要，风险刑法理论应运而

①谭世贵、毛金鑫:《发挥好企业合规对法治社会建设的独特作用》,《中国社会科学报》,2023 年 3 月 22 日。

生。所谓风险刑法理论，是指通过规范社会潜在的可能侵害法益的相关行为而提前应对各种风险的刑法理论。

首先，法律是一种调控社会秩序的手段。社会发展中的高风险引起社会秩序不稳定，法律必然要对此作出回应。在各种社会规范中，法律规范是最为主要的调控社会生活方式的规范。法律并不是某些人或某些组织凭空想象或杜撰出来的，它是对社会客观状况及时、动态的反映，是对社会现实需求的回应。因此，法律必须与时俱进，跟随社会发展的节奏和步伐而发展。在人类社会走向风险社会的现实背景下，法律作为调控社会秩序的手段，也必须应对风险社会所面临的挑战，体现风险社会下人们的意志和利益所需。

其次，作为调控社会秩序的手段的法律当然包含刑法。既然法律需要对风险社会作出回应，刑法理所当然也要作出回应。固然，考虑到刑法的谦抑性，刑法不能随意进入有关风险领域，但刑法并非只具有谦抑性的特征，它同样具有调控社会秩序的特征，它是一种规范手段。

刑法早期介入社会风险领域其实也是积极刑法观的一种表现。积极刑法观是指主张通过积极的刑事立法扩大刑法处罚范围，使刑法满足不断变化的社会现实需要的立法思想。积极刑法观并不等于取消或否定刑法的谦抑性。积极刑法观是现今我国风险社会调控的现实需要，与刑法的谦抑性并不发生冲突、矛盾。基于风险社会的现实需要而产生的积极刑法观是有其合理之处的，我们必须客观看待。正如有学者所言，积极刑法观不是所谓激进刑法观，并非主张随意增设新罪，而是主张按照谦抑的法益保护原则增设新罪。[①] 在《中华人民共和国刑法修正案（十一）》增设的许多风险领域的犯罪中，有不少都设置了单位犯罪条款，作为企业当然面临着这种刑事法律风险。

---

①张明楷:《增设新罪的观念——对积极刑法观的支持》,《现代法学》,2020 年第 5 期。

最后，刑法与经济法、行政法等部门法之间并不存在绝对的鸿沟。它们规范的行为主要是社会危害程度上的差异，当经济法、行政法等部门法难以起到有效控制危险时，刑法的介入就成为必要。而且，企业的刑事合规也是风险刑法的要求。企业与其他社会组织与个体一样，同样面临着风险社会下各种自然风险、技术风险和安全风险的冲击。企业要防范这些风险转变为现实的侵害就必须加强自身的防范功能，采取积极的应对措施，其中的一项措施就是做好刑事合规工作。因此，企业的刑事合规需要是风险刑法的题中之义。

（二）企业刑事合规符合公司治理结构的需要

一个公司要良性健康稳健运行，离不开内部的结构治理。完善的内部治理结构是保证公司正常运行的前提要求。而这种内部治理结构的完善就涉及合规问题，当然也包含了刑事合规问题。对于企业而言，刑事合规是整体制度性安排的具体表现。公司治理必须包含对合规工作的治理，否则是不完整的。有学者认为："企业合规，在本质上属于公司治理问题。"[①]目前在我国公司、企业的运行中，合规的工作往往是由法务或内控（风控）部门来完成的。笔者认为，从长远发展的角度看，这是不合理的。合规部门有其自身的价值。合规部门与法务、内控（风控）部门的工作虽有重合之处，但也有一定的差异。

合规的价值在于合规可以创造价值。有效的合规，不仅会直接预防公司的员工包括管理层被行政处罚或刑事追责，而且会帮助公司避免发生重大的违规风险，可为公司维护稳定的经营环境以及良好的国内国际商誉等，从而间接为公司带来效益。如果每个企业都合规，就会促进社会的公平竞争，促使企业更加专注于提高自身产品质量和服务水平，最终造福全社会。

---

①陈瑞华:《企业合规的基本问题》,《中国法律评论》,2020 年第 1 期。

从组织结构来讲，国外的公司或企业通常都会设置合规委员会，并定期向董事会报告，有的公司、企业还设置合规监察官。合规监察官机制被广泛应用于出口管制、反商业贿赂等多个领域，这样可以预防企业触犯法律法规。执法机构除对违法、违规企业采取罚款、禁令等措施外，还要求企业聘请合规监察官，以监督企业在一定期限内遵守相关法律法规，促使企业提升合规治理水平。这种做法值得借鉴。

公司、企业中的有些工作明显属于法务部门，比如，合同审核的修改、投资并购事务、诉讼及纠纷的处理、知识产权的申请及维护等。有些看似与法务相关的工作却明显属于合规部门，比如，对第三方捐赠礼物的管理、与政府官员的交往、内部违规的调查以及审计等。此外，如果是与政府行政监管或司法机关刑事追责有关的事务，包括接受行政监管部门的调查、处理或司法机关的侦查、刑事处罚等事务，一般也会归入合规部门的职责范围。当然，合规部门也会审核合同，但它更多的是关注一些法务部门审核以外的法律问题，比如，是否违反反商业贿赂条款，价格或支付的对价是否符合公允的市场价，是否有垄断嫌疑，交易主体是否有不合规的历史记录，等等。还有些工作则以法务部门为主、合规部门为辅来处理。比如跨国公司大型并购事务，通常是由法务部门领衔处理，从一开始的项目论证到对目标公司的尽调、与目标公司的谈判再到起草有关文件，以及最后到相关政府部门办理股权变更等。而合规部门负责整个项目中的一部分工作，会关注目标公司经营过程中的重大合规问题，比如，是否有商业贿赂，经营模式是否有刑事风险，是否有逃税行为，公司员工社保是否缴纳，等等。但有些事务也会由合规部门主导、法务部门配合来完成。比如，在对违规事件的合规调查或审计中，合规部门主导调查或审计，就需要法务部门提供法律意见以确定违规事件的严重性。①

合规部门与内控部门也有着明显的区别。比如，内控部门主要关注企业的财务问题或现金流向等问题。从制度层面来讲，内控部门通常关注与财务相关的规章制度执行中的问题，而合规部门则更关注根本性的、关系企业全局性的问题。如果从更高层面来讲，内控部门仅关注制度的执行，而合规部门关注的是一个企业全局性的经营管理体系。合规部门最终的目标是确保公司的各项运营符合法律法规和公司内部规章制度以避免行政处罚或刑事处罚，并最终期望建立一种合法合规的公司理念与文化。从这个角度看，内控部门只是合规部门体系中的一个组成部分。

二、企业刑事合规与企业“大合规”体系

企业刑事合规，是指通过对企业内部的治理体制和管理体系实现对刑事法律风险的防范。所谓刑事风险，是指因触犯刑法构成犯罪而遭受刑事处罚的风险。相比于企业会遭遇的其他种类风险，刑事法律风险是最为严重的一种：在当前我国刑法规定中，对于构成单位犯罪的企业，大多数会面临“双罚”的法律后果。一方面企业会面临监管机关的罚金处罚，遭受经济损失的同时，社会声誉大大降低，更有严重者经营资格可能会被剥夺；另一方面企业的主管人员和直接责任人也会被判处刑罚，对于一些创始人或核心团队成员被剥夺人身自由的企业，甚至很难继续存活。一旦面临刑事法律风险，既不利于企业健康发展，也不利于企业家健康成长。因此，企业刑事合规建设是应对刑事法律风险的重要手段和途径。

在我国，企业刑事合规早期借鉴美国等国家的企业守法计划在刑事案件处理中的影响，将合规的具体作用界定为影响刑事诉讼裁量和处罚依据

①卢勤忠:《民营企业刑事合规的理论基础和实践展开》,《辽宁师范大学学报（社会科学版）》,2021 年第 9 期。

的激励措施，但是，作为一项可能会内在影响现代经济社会中重要主体——公司或企业的行为方式和管理活动，外在影响行政执法、刑事司法活动的重要制度探索，其运行实效能否发挥的现实背景是本国的制度环境，只有符合本国需求的制度内涵才具有持续的生命力。

在我国推行企业刑事合规制度的积极意义之所以得到倡导者的一致认同，是企业风险管理的实际需求。与全世界范围企业数量与规模的发展相一致，我国企业数量增长速度飞快，但在企业对于社会发展起到积极作用的同时，企业一旦实施危害行为，对于社会的负面影响不容忽视。一方面，企业合法规范经营需要得到引导，需要为企业创造良好的营商环境；另一方面，任何企业，尤其是发展到一定阶段具有一定规模的企业，如果在经营过程中遭遇法律风险甚至刑事风险，则不仅影响企业和企业的经营者，还会影响无辜股东、普通员工等其他利益相关人。而且，随着分工的细化、产业链的密集，现代社会中社会成员的“联结点”错综复杂，企业因承担刑事责任产生的负面效应甚至会引发“多米诺骨牌效应”，进而影响其他经济领域。

任何企业合规的目标都是减少企业风险，保持企业的存续稳定，维护经济的健康发展和民生稳定。与美国守法计划主要为区分雇主和雇员的责任范围，为刑事责任的归责提供依据不同，我国企业合规的相关制度不是为了区分责任，而是为了管理风险，它致力于激励或强化企业参与风险管理的积极性和主动性，实现从“要我合规”到“我要合规”的转变。

因此，我国企业合规本土化的发展，其重要意义还在于包括刑法观念在内的法律观念和法律文化的转变。有学者认为，在制度建构路径与目标选择上，中国特色企业合规制度正在尝试的是一条由刑事合规走向企业全面合规之路，刑事合规成为推进企业合规制度的“支点”。[①] 如果过去我

①魏昌东:《“支点”理论与中国特色企业合规》,《检察风云》,2022 年第 6 期。

们将刑事对于预防犯罪的作用寄望于通过事后增加惩罚的力度来实现，而企业刑事合规则是社会治理方式的转化，是通过精细化的回应式规制路径，汇聚各方合力，而且通过在过程中和企业有更频繁的对话和风险提示，使企业实现风险控制和违法犯罪的预防，并且降低这种控制和预防机制的社会成本，增强实效。

从早期的“企业刑事合规”到相关制度规范性文件中的“企业合规”的转变，表明了该项制度探索的目标是创建中国特色的企业“大合规”体系，而不限于作为刑事诉讼中的激励机制。从刑事合规到中国特色的企业“大合规”体系，首先体现在对企业的规制方式和执法策略由“静态”到“动态”的转变。企业合规中“规”的内容是动态的且在复杂社会中处于运行状态的“规”，而非“静止”的、固定范围的“规”。合规与企业的运作机制结合，使得静止的法律规定中的“命令”规范通过程序性的动态运作而得以逐步落实。例如，对于企业涉税合规，覆盖业务涉及研发、生产、销售、对外合作、投资推广、招投标及采购等各个环节，贯穿企业决策、执行、监督全流程。其次，是将社会各领域的“合规”要求实现从“部分”到“整体”的系统整合。我国已有的“合规”一般在以下几种范畴中进行讨论：(1)公司治理结构中包括董事义务等管理决策机制的“合规”；(2)行政监管层面，尤其是金融监管层面所要求的银行、证券公司等金融机构、金融业务范围内的“合规”，其中一般强调“规”的层次包括“职业道德”“行业伦理”等内容；(3)特别领域、特别情形中法律风险的防范合规，例如，具有严格准入要求的银行、保险、证券领域的经营合规，随着大型平台企业产生的市场监管领域的反垄断合规，数据时代受重视的互联网行业的数据合规等。这些特别领域或特别情形的合规对于“规”的范围在其规范性文件的表述中存在区别，有的是要求“遵守法律和行政法规”，有的除此之外，要求“遵守行业伦理”，在《中央企业合规管理指引（试行）》（国资发法规〔2018〕106号）第2条中规定“符合法律法规、监管规定、行业准则和企业章程、规章制度以及国际条约、规则等要求”。

由此可见，在到达高层级的责任形式之前，由于经济社会中责任主体差异性明显，还存在不同层级、不同方向、不同形式的其他责任形式。如果能够整合各种“差异化”的责任形式，通过不断地反复考察企业遵守规制的状态，使企业获得明确的回应信息，即对不遵守规制的情形升级责任形式，而对遵守规制的企业给予鼓励，“大合规”体系则是致力于采取系统的、多元的、精巧的规制方案，通过整合这些不同范畴中的“合规”，使积极的鼓励促进和消极的限制禁止相结合。例如：“大合规”体系包容多样、分级的惩罚性措施，不仅有事后的惩罚，还可以调整惩罚的可能性程度；不仅可以消除主体资格，还可以部分限制主体行为能力，例如通过剥夺获得的收益，惩罚性的赔偿，不允许企业从事某种生产经营活动，给予事中的行为能力限制等，兼容禁止性与鼓励性措施，设置对不合规情形举报的鼓励制度。因此，从刑事合规到“大合规”体系的演变，不仅指“规”的内容和责任形式不限于刑法而是更广泛，还使责任形式不仅存在于立法的形式文本中，而且从功能、系统的角度实现法律责任的实效。

再者，“大合规”体系的制度目标不是影响规范评价，而是对客观结果的事前干预，从主体对客体的评价转为建立客体的自我反思评价。如果“刑事合规”的实施受约束于实体法依据的是我国刑法第 30 条规定的单位犯罪，以及第 31 条规定的以两罚制为主的单位犯罪刑事责任处理方式，那么势必要讨论在既定的实体法背景下以程序机制给予开展合规活动的企业，是影响对单位犯罪的事后认定，还是预防单位犯罪的发生。前一种是对法律评价机制的影响，后一种则是对于犯罪这一具有社会危害性的事实是否发生而进行的干预。如果只是法律评价机制的影响，那么就是主观上的、形式上的变化，而“大合规”体系纳入事先预防，通过对企业犯罪行为的惩戒转向对企业合法行为的引导，建立客体对自我的评价和约束体系。当企业发现存在违法犯罪可能时，自我控制使其无法发生。

另外，“大合规”体系纳入了制度执行环节的外部引导。从目前由检察机关推行的对合规有效性评价的第三方机制看，我国企业刑事合规不仅仅是企业内部自觉采取的行为控制和风险防范机制，还介入了国家权力的执行，通过司法机关主导，多方主体参与构建社会风险控制措施。通过采纳以刑事合规体系作为对企业实施新型的社会治理方式，从而对企业实施危害社会的行为从事后评价转为事前干预。例如，江苏省张家港市检察院将涉案企业在涉刑行为之前的合规体系建设情况、企业责任人合规表现等，纳入起诉必要性和量刑考量情节。除此之外，对合规分级评定在达标以上的，各机关单位应采取行政审批绿色通道、优先提供公共服务便利、降低市场交易成本等举措。① 这体现了我国刑事合规建设从事后裁量型刑事合规制度向“大合规”体系扩展的本土生命力。

因此，从制度理念和目标的角度来看，作为新时期社会治理创新的内容，刑事合规建设应演变为对建构符合本国国情的企业“大合规”体系的探索。这一体系的价值包括：从新型社会治理角度，是出于预判式防范法律风险和预防犯罪的目的；从企业营商环境的角度，是以回应式治理，整合多方共治优化营商环境；从企业经营发展角度，是企业以管理风险的方式主动有效地防控法律风险。从“刑事合规”到企业“大合规”体系本土化演变的探索包括以下内容：适用范围从以大型企业为范本到我国以中小微企业为主的实践转向；适用机制从刑案处置的“轻罪不起诉”或“认罪认罚”到构建全程回应型规制和执法机制；适用主体的作用从牵头、负责合规工作到组织、协调合规各方力量；适用目标从“形式”合规到“有

---

①见丁国锋、李冰、钱丽：《检察机关牵头开展企业合规建设，张家港出台首个“红头文件”助力企业行稳致远》，《法治日报》，2021 年 4 月 9 日。

效”合规。[①]

在这一背景下，应当立足于我国企业刑事合规的本土实践，对企业刑事合规进行功能性区分。在实践中，根据企业刑事合规的时间点不同而具备不同功能，企业在犯罪时是否制定有效的合规计划，分为事前刑事合规和事后刑事合规。事前刑事合规是企业自觉主动制定预防性犯罪目的的合规，其内容是企业内部单方面的意志决议。事后刑事合规是指企业犯罪发生时并未制定合规，而是在与检察机关合意，根据检察建议或者指导意见，以恢复原状、损害赔偿，并避免再犯的目的的协商性决议。[②]本节以下内容，就是在事前刑事合规和事后刑事合规这一前提下，对企业刑事合规进行功能性区分，探讨其中所具备的二重属性和功能以及实际运用的司法审查标准。

三、企业事前刑事合规的功能、属性和审查

（一）企业事前刑事合规的功能：犯罪预防

所谓企业事前刑事合规，是指企业在没有刑事违法犯罪前自觉主动进行的合规建设，是一种旨在防范企业刑事法律风险的全面性合规计划。企业事前刑事合规也是英美法等国家刑事合规治理主导性的合规计划，美国企业刑事合规治理的主导原则是“替代责任标准”，有效合规在企业起诉的量刑阶段发挥着重要作用。美国JASA《企业合规政策与程序手册》规定：企业合规是指企业内部制定内容和程序用于预防、发现可能违反法律、地方规则或违反员工以及其他道德标准行为的一系列制度规定的总称。其中将合规计划限缩界定为防范性的企业事前刑事合规。

---

①毛玲玲:《企业合规的本土化演变——从企业刑事合规到企业“大合规”体系》,《上海政法学院学报》,2023年第2期。

②杨帆:《企业刑事合规的程序应对》,《法学杂志》,2022年第1期。

从功能主义视角出发，企业事前刑事合规的功能，首先，在于发现、预防和制止违法犯罪行为的内部监督，是一种承载企业道德伦理准则并用于犯罪预防企业内部机制构成。企业事前刑事合规制定内容涉及企业多个运作层面，建立的机制是企业主动开展建设内部合规的管理体系，确立企业行为规范，要求企业员工遵守行为准则，建立健全企业风险防范体系、风险识别体系和违规行为应对体系。通过对企业和员工经营行为的及时监控和处置，实现企业内部的自我监管、自我报告、自我披露和自我整改的治理效果，实现对违法违规行为的有效预防、及时监控，也能对企业制度上的漏洞和缺陷及时进行堵塞和修补。在一定程度上，企业事前刑事合规计划发挥替代性的政府监管，实现企业内部防范企业及其员工出现违法行为的预防性功效。此外，用于犯罪预防的事前合规计划在域外刑事合规治理中常常上升为一种文化理念，背后展现一部分企业文化的伦理特性。

其次，企业事前刑事合规也具有外部性的刑罚激励的功效，对涉案企业的刑事责任起到减轻甚至免除其罪责的阻却功能。根据美国《联邦量刑指南》中“企业量刑”一章为存在“有效合规计划”的企业组织提供量刑降级，即便有效的企业事前刑事合规未能及时防止犯罪的发生，但涉案企业仍有可能获得减刑。该量刑指南鼓励企业事前制定并实施“有效的企业计划”。一旦企业涉及刑事违法犯罪活动，“事前有效的合规计划”被认为是影响该企业定罪或量刑减免的法定因素，包括检控方作出不起诉决定、法院减轻刑罚、减免罚金等优惠待遇。可见，企业事前刑事合规不仅引导企业依法合规经营，且在企业员工涉嫌犯罪的情况下，仍可以有效切割企业与员工的责任，避免企业被员工牵连入罪。

（二）证据属性的企业事前刑事合规

企业事前刑事合规是为了降低乃至避免给企业带来的刑事责任，有效切割个人与企业的刑事责任，以刑事责任来识别、评估和预防企业合规风险，合理制定并有效实施的一系列防范性措施。有效的企业事前刑事合规可以排除单位犯罪的主观故意性，降低过失犯罪的主观苛责性。企业事前刑事合规在刑事程序中可被视作企业承担刑事责任的积极抗辩事由，如果经营者合理地制定和有效地实施了合规计划，推定其尽到合理注意义务的场合，即便后续有犯罪事实的发生，也应当考虑企业事前实施合规计划的违法阻却性事实，作为减轻或减免刑事制裁的证据，从刑事实体与程序上给予激励。[①] 论其性质属性，事前合规计划是作为一项独立的证据在诉讼中使用的。

对于刑事证据的规范性界定，根据《中华人民共和国刑事诉讼法》第五十条规定："可以用于证明案件事实的材料，都是证据。"证据资格与证明对象（案件事实）直接关联。无论是我国现行立法对证据的概念奉行"材料说"，[②] 还是域外法对证据的界定，是否具备证据属性需要同时具备两个特征，其一是在诉讼中运用，其二是证明案件事实。企业事前刑事合规在刑事诉讼中的运用所要证明的对象是企业通过制定去实施事前合规计划，有效运行刑事合规制度这一行为，可以在刑事诉讼程序中运用，用以抗辩企业刑事责任或者减轻量刑的案件事实。企业事前刑事合规所证明的案件事实定型于诉讼之前，不因诉讼双方协商合意而发生改变，因而契合证据资格的要求，在企业刑事合规案件中作为一项证据材料。只要事前合规计划的内容真实合法、有效实施，即具有相应的证据能力，作为影响法官自由心证并作出事实认定的一项独立证据。

（三）企业事前刑事合规的审查标准

企业事前刑事合规作为一项预防功能的独立证据，被司法审判作为出罪或者量刑证据，应侧重其证据能力与证明力的审查判断。证据能力又被称为"证据资格"，是一项证据能否进入诉讼程序的能力与资格。而证明

---

①李奋飞：《论企业合规检察建议》，《中国刑事法杂志》，2021 年第 1 期。

②张保生：《证据法学》，北京：中国政法大学出版社，2018 年版。

力，或言“证明价值”“证明作用”，是指该项证据能够证明案件事实的程度。[①] 陈瑞华也曾将证据概念区分拆解为证据载体与证据事实，前者主要指证据的表现形式，是对证据形式性考察；后者则是载体所呈现的证据性事实，指证据的实质内容。体现在事前合规计划的审查标准中，首先，审查企业事前刑事合规是判断企业合规计划书是否形式性存在，企业是否在案发前有书面的事前合规计划；其次，是对企业事前刑事合规计划所发挥的犯罪预防功效进行审查，企业事前刑事合规是否有效实施作为事前合规计划证据证明力的审查标准。

证据能力：形式有效性。企业事前刑事合规的证据能力问题具体指向合规计划的形式性。而关于事前合规计划有效性的定义，有学者从域外司法实践出发，将合规计划有效性总结概括为两个方面：“第一由法人主动制定并实施，目的在于预防法人内部的违法和犯罪；第二在法人内部实施的机制，并在一定程度上形成良好的法人内部的守法文化与执法环境。”[②] 其一指企业合规计划的形式有效性，其二是对实质有效性的概括。对于前者，根据美国司法部2019年发布的《公司合规计划评估》（*Evaluation of Corporate Compliance Programs*）对于是否将事前合规计划作为刑事责任的考量，第一条就规定了涉案企业“是否有设计良好的合规计划”，即对合规计划的形式性规定。具体而言，包括风险评估机制、有效政策和程序、良好培训与沟通机制、匿名报告机制与调查机制，以及第三方管理机制等具体考察因素。

证明力：实质有效性。证明力则指涉该项证据对案件事实的证明程度，或作用力大小的问题。对于企业事前刑事合规的证明力，主要围绕合规计划有关犯罪预防功能的实施有效性。美国联邦量刑委员会发布的《美

①陈瑞华：《刑事证据法》，北京：北京大学出版社，2018年版。

②陈瑞华：《美国〈反海外腐败法〉与刑事合规问题》，《中国律师》，2019年第2期。

国量刑指南》列出实质有效性的标准，具体包括：合规计划在企业运行中的有效性；不当行为识别、调查、纠正；在被追诉犯罪中有效阻断企业与责任人；第三方违法犯罪行为的刑事责任的有效性；禁止向那些可能有犯罪倾向的个人授予重大自主决定权；建立违规举报制度，即员工举报内部违法犯罪的可能性途径；是否建立惩戒制度，严格执行合规标准等数项明确严格的有效性标准。

四、企业事后刑事合规的功能、属性和审查

（一）企业事后刑事合规的功能：协商矫正

企业事后刑事合规，是指涉案企业被刑事立案调查前尚未建立企业合规制度，在检察院提出检察建议时，根据检察建议的内容所制定的相应方案，以此为据进行积极有效的治理整改，旨在防止涉案企业再次发生相同或者类似违法犯罪，是具有协商矫正性质的合规计划。事后合规与事前合规的区别在于企业合规的自主权能不同，如前文所述，企业事前刑事合规往往是企业内部自纠自查，体现企业道德伦理而制定的用于预防违法犯罪的计划书，因此具有高度的企业自治性和自主性。而企业事后刑事合规体现出涉罪企业与检察机关达成协商合意，涉案企业在案件办理过程中申请企业合规治理，并出具合规承诺书，在获得检察机关同意后，涉罪企业应当依据检察建议制定相应的企业刑事合规计划书。不同于事前合规自主划定的合规内容，事后合规计划书的事项主要围绕检察机关出具的《企业合规权利义务告知书》或者检察建议等内容，围绕所告知的具体权利义务与相关的注意事项，或者在第三方机制监督与介入下制定企业合规计划，积极有效实施企业整改。检察机关收到合规计划书后同时抄送本案的第三方监管人，征求第三方监管人意见，将第三方监管人意见和审查意见一并反馈企业，涉罪企业完善合规计划书后再次向检察机关提交，经检察机关批准后施行。由此可见，企业事后刑事合规更多体现出涉案企业与检察机

关、第三方监督组织的协商合意性。

此外，企业事后刑事合规除了具备协商合意的特点，人民检察院在实践中也在积极采取刑事激励措施，即运用事后合规的制定、实施情况，对涉案企业作出减免量刑的起诉建议书，从而加强对涉案企业的合规治理，发挥事后合规的矫正补救功效。最高人民检察院发布企业合规改革试点的第一批的四个典型案例都是属于事后的企业合规计划案例。比如，山东省新泰市的人民检察院与税务机关在回访过程中，发现涉案企业的预防违法犯罪的合规制度不健全，存在违法犯罪隐患，需要进行合规整改，及时向涉案企业制发检察建议，并且后续通过回访、跟踪监督的方式，避免合规整改流于形式。从目前我国治理实践来看，由检察机关主导、督促涉案企业制定事后合规计划，进行合规治理整改的情形仍占据多数。

（二）认罪答辩性质的企业事后刑事合规

企业事后刑事合规是企业在面对检控方指控单位犯罪之后，积极配合公权力机关的检察建议等所制定、实施的整改计划。在上述最高人民检察院公布的四起典型案例中，前三起属于事后合规计划影响刑事追责的情形。实践中，事后性企业合规治理往往与认罪认罚从宽制度互为表里，一个企业的合规计划可以反映该企业的认罪认罚态度。企业事后刑事合规的制定与实施，一方面体现企业的认罪悔改的态度，另一方面也体现事后合规的认罪答辩性质。

其根本原因在于事后合规制定的内容是企业与检控方相互协商的产物，所要证明的对象，是基于一种诉讼双方协商一致的合意性事实。根据学者对事实进行区分，“证据裁判原则指导下的案件事实与认罪所承认的合意事实存在根本性区别，前者以查清案件事实的‘实质真实’为导向，后者则以尊重当事人意思自治的‘形式真实’为导向”①。合意性事实不

①谢登科：《论协商性司法的事实基础》，《学术界》，2013年第9期。

同于案件事实的“既成性”，并非案件诉讼之前就产生，而是产生和融合于诉讼进程中，作为协商一致的程序性共识存在。就企业事后刑事合规而言，其制定所依据的事实并非诉讼之前定性的犯罪事实，而是根据检察建议等形式作出事后性整改依据或者注意事项。因此，基于合意事实制定的事后刑事合规，仅是一项企业认罪答辩协议，可作为检察官是否提起公诉或减刑的量刑建议以及法官裁判之依据，并不具有独立的证据资格。

（三）企业事后刑事合规的审查标准

如前所述，与美国、欧盟体系化规程化规制的事前刑事合规治理模式不同，我国刑事合规司法实务的实践开展，是以检控机关主导协商，针对中小型企业，共同制定事后、补救性刑事合规计划为主。检控机关在追诉之后，涉案企业根据检察建议制定专项合规计划，在合规整改过程中，检察院也往往规定一定的考验期，期满后，检察院通过回访或者组织如环境部门、税收部门等专门机关验收合规计划实施的情况。企业事后刑事合规的内容并未直接与犯罪事实相关联，因而不具有证据属性，而是与检察机关协商合意达成并制定，具有认罪答辩性质的参考依据。因此，企业事后刑事合规司法审查具有独特的判断标准。从功能主义角度而言，事前合规的司法审查重点落脚于预防性功能和证明力的审查判断，而事后合规的审查重点落脚于惩戒性与矫正性的功能。具体而言，认罪答辩性质的事后合规计划具有如下审查重点。

合意性。事后合规与事前合规司法审查判断存在很大不同。首先，事后合规的司法审查需更加注重内容的“合意”，即检察机关与涉案企业对违法犯罪事实整改的协商一致的合意性事实，合规计划是体现涉罪企业认罪认罚态度与行为的重要载体，在审查合规计划时应当遵循证据审查的一般标准，注重对合规计划书与案件事实之间关联性的审查。其次，鉴于最高人民检察院在试点地区仍鼓励以检察建议开展对涉案企业合规计划整改的方向，[①] 积极发挥检察机关在企业刑事合规治理的主导型功能，企业事后刑事合规也更加体现“检察主导”型的相互妥协、协商的合意内容。审查企业事后刑事合规应当重点审查合规计划的合意性，包括：合规计划内容是否符合检察建议的要求；是否按照第三方机构的专项要求针对性制定整改计划；合规计划的实施是否切实有效；企业整改效果是否全面真实；企业自身的整改规范等。

评价性。以事后合规计划的“评估性”的主体为标准，人们将企业合规计划的监督评估大致分为三种模式：检察院监督的模式、委托行政机关模式与委托第三方监管人（合规监督员、独立监控人）模式，根据整改情况进行验收，评估企业是否达到事后合规计划规定的预期结果。2022 年 7 月，中国中小企业协会企业合规专业委员会、司法机关、中国法学会联合印发《中小企业合规管理体系有效性评价》团体标准，明确第三方监督机构也可以作为合规计划的评估主体。此外，该评价标准详细规定过程评估与结果评估等审查标准。[②] 过程评估主要是指在根据合规计划规定的考察期间，检察机关通过委任的合规监察员，或者建立合规报告制度，对涉案企业合规计划实施情况等进行定量监督。结果评估则涉及由检察机关或者第三方监督机关对涉案企业是否依据事后合规计划完成企业整改，对其实施效果进行最终定性的评价。对于符合结果评估的涉案企业，检察机关、法院可依法将其作为不予起诉或减轻刑事处罚的参考依据。

矫正性。对于企业事后刑事合规的司法审查，除上述对协议计划的“合意性事实”进行形式性与实质性审查之外，司法机关还应关注事后合规计划的治理成效，即通过合规计划的制定与实施，对于其损害的法意而言是否做到补救，或对涉案企业的行为是否进行了“矫正”。司法机关依

①余化成：《涉案企业合规不起诉检察建议探析》，《检察日报》，2021 年 11 月 23 日。

②谢登科：《论协商性司法的事实基础》，《学术界》，2013 年第 9 期。

法审查涉案企业是否通过合规计划完成全面或专项整改，积极“认罪认罚”，最终在检察机关和监管部门督促下实现“脱胎换骨”。通过落实事后合规计划的内容，矫正补救过往的违法犯罪行为，对其损害结果依法赔偿，并预防该企业再犯之可能。正如上文所言，虽然企业刑事合规设立目的之初是作为预防企业犯罪的手段，借助事前合规的实施，起到有效控制犯罪的防范作用。但就我国实践和惩治效果来看，有别于域外事前合规预防性功能，我国企业刑事合规制度的实践性功能的发挥主要侧重发挥事后合规计划的矫正补救性之功效。

第三节　律师参与企业刑事合规的工作范围

一、律师开展企业刑事合规尽职调查

从企业刑事合规的角度来看，尽职调查是指企业在进行投资、开展并购、发展客户以及寻求第三方合作伙伴时，为全面了解客户、被投资并购方以及合作伙伴的背景、经营情况、业务性质、企业规模、违法违规经历、接受处罚的情况，减少和控制可能发生的法律风险，所进行的专门性调查活动。在任何一项有效的合规计划中，企业需要针对可能的合规风险，应同时建立事先的防范机制、事中的监控机制以及事后的应对机制，而“合规尽职调查”应属于事先的合规风险防范体系的重要内容。由于律师具有相对独立的地位，具有专业调查的经验和能力，并且承担保守客户秘密的职业义务，因此，通常所说的“尽职调查”，几乎都是由企业委托专业的律师事务所完成的。由此，尽职调查成为律师的一项重要合规业务。[①]

①陈瑞华:《律师如何开展合规业务(二)》,《中国律师》,2020 年第 9 期。

作为一项律师合规业务活动，尽职调查是指律师接受企业客户的委托，针对可能的合规风险，对于作为第三方的合作伙伴、被并购企业以及相关客户所展开的专门性调查活动。通过尽职调查，律师为企业提交尽职调查报告分析来自第三方、被并购企业和客户的合规风险，在此基础上，将企业责任与第三方、被并购企业责任加以分割对来自客户的法律风险加以规避，并对第三方、被并购企业进行有效的合规管理，从而对合规风险进行有效的防控尽职调查是企业在商业活动中经常采用的调查方法具有十分广泛的用途和目的。律师接受企业的委托所展开的合规尽职调查，属于尽职调查的一种特殊类型。由于是以合规风险防控为基础的专项调查，因此，合规尽职调查主要针对被调查对象是否存在违法违规的行为和可能性而进行的。

为什么合规尽职调查主要针对第三方、被并购方和有关客户来展开呢？主要原因在于，企业在发展第三方合作伙伴、展开投资并购以及为客户提供服务过程中，有可能因为这些合作伙伴、被并购方、客户存在违法违规行为被追究法律责任，且有可能因此承担相应的连带责任或继承责任。为避免承担这种法律责任，防控可能的合规风险企业需要进行尽职调查，一方面评估可能的合规风险，另一方面对被调查者展开必要的合规监控和风险管理。而考虑到企业自身要么没有尽职调查的专业能力，要么所做的尽职调查无法满足独立性和权威性的要求，因此，律师作为外部法律专家，为企业提供合规尽职服务，就成为一项重要的律师合规业务了。

为预防可能发生的合规风险，律师可以在企业合规风险进行全面评估的基础上，对有关企业或个人展开全面的合规尽职调查。根据尽职调查的对象，可以将被调查方大体分为客户、被并购方和第三方。

所谓客户尽职调查，主要是在反洗钱合规计划构建过程中，律师帮助银行等金融企业对商业客户所展开的尽职调查。这种尽职调查的目的主要是查明客户的背景、资金来源、违法违规历史、交易情况以及可能存在的洗钱、恐怖主义融资等法律风险。通过尽职调查，律师可以为有关客户的合规风险画出等级，为企业提供是否与有关客户展开商业合作的建议。

所谓“并购前的尽职调查”，是指在企业准备实施投资并购活动时，委托律师对被并购的企业所进行的尽职调查活动。这种调查需要对被并购企业的性质、规模、治理结构、经营业务、交易情况、资产负债状况、违法违规历史商业模式、运营方式等展开全面的调查，以便查明被并购企业是否实施过违法违规的行为，有无可能在并购完成后带来新的法律风险。

所谓“第三方”，通常是指与企业有商业合作的企业或者个人，包括上游的供应商、供货商，下游的销售商、分销商或代理商，以及其他特殊服务提供商，如律师事务所、咨询公司、旅行社、会计师事务所等。所谓“第三方合规尽职调查”，是指公司在发展商业合作伙伴过程中，针对第三方的合规风险所进行的专门性调查活动。这种合规尽职调查的目的有二：一是对第三方的违规历史、合规意识和合规制度进行全面了解，对第三方的合规风险作出准确识别和评估。二是针对第三方责任与企业责任进行有效切割，以防范企业自身的合规风险：对于那些合规风险过高、可能使企业承担较大继承责任的第三方，企业应终止合作，避免第三方合规风险转移；而对于那些虽有合规风险，但处于可控制范围内的第三方，企业可作出适当的交易安排提出恰当的合规治理措施，对第三方提出切实可行的合规整改要求，在第三方的合规管理达到企业要求之后，再启动与第三方的正式合作。

具体说来，一项有效的合规尽职调查应注意评估来自客户、被并购方、第三方的合规风险：一是因其先前的不合规行为，而遭受潜在的政府处罚、刑事追究的风险，以及由此所带来的声誉损失；二是因其不合规行为而承担个人责任的风险；三是因其投资前的不合规行为而可能继承的法律责任；四是因其在投资或并购完成后的不合规行为，而可能承担的法律责任；五是投资或并购完成后，被并购企业资产流失的风险。

按照方达律师事务所的经验，以反腐败尽职调查为例，一种较为有效的尽职调查体系，应当是“基于风险因素的分级尽职调查系统，也就是根据初步的调查收集和风险判断决定对第三方进行最合适等级和深度的尽职调查”。一方面，应当对不同等级的风险进行不同级别的尽职调查，尽职调查的繁简程度要与风险等级的高低成正比。在尽职调查中要采取正确的调查策略和方法，对于诸如“媒体调查”“调查问卷”“专业背景调查”“第三方关键股东及负责人调查”“匿名电话及现场调查”“访谈管理人员”等调查方法，要进行恰当的运用，以达到识别真相、了解风险和保护企业的有效作用。另一方面，在第三方尽职调查中要准确识别和把握具体的“风险点”，注意常见的风险点如第三方与政府的密切关系：与同行业具有明显差异的商业条款；不正常的支付模式或财务管理模式；提供大多数竞争对手都无法提供的保证结果；要求支付达成某种有利结果的费用；关于第三方或其关键控制人的不合规报道；第三方缺乏合规意识和内控机制，等等。除此之外还应准确把握特定第三方所存在的特殊风险点，如医疗企业的受捐赠方、医药咨询公司等第三方，快消品行业的经销商、代理商等第三方，都存在着一些特定的高危风险点。唯有根据这些一般的和特定的风险点展开有针对性的尽职调查，不断更新和完善最适合本企业的“第三方尽职风险调查核对清单”，才能进行切实有效的第三方尽职调查。①

那么，在律师事务所的合规业务中，第三方合规尽职调查业务究竟包括哪些具体内容呢？换言之，第三方合规尽职调查的方法到底有哪些呢？根据一些律师事务所的经验，律师常用的尽职调查方法主要有七种：一是公开信息检索，也就是对第三方及其关键控制人进行媒体检索和数据库检索，以确认其是否曾经因不合规行为而受到调查指控和处罚；二是合规尽

①胡建伟:《法治化营商环境视阈下律师参与企业合规管理的价值及功能分析》,《中国司法》,2022 年第 3 期。

职调查问卷，以了解公司股权结构、业务、政府关联性、合规和内控的总体情况；三是背景调查，以掌握第三方及其关键控制人的背景信息；四是文件审阅，也就是审阅第三方现有的合规政策、招投标文件、重大交易合同、与高风险第三方的合同以及相关的诉讼文件等，以了解潜在的合规风险；五是财务账目审查，通过审阅第三方一定范围内的相关账目以及原始财务凭证，发现并核实其高风险费用的形成过程：六是管理层访谈，以了解其公司业务、内控和与政府关系等方面的真实情况；七是现场调查，通过到第三方进行实地走访，了解第三方的合规风险。

在上述尽职调查活动完成后，律师应当形成合规尽职调查报告，对第三方合规风险作出全面评估，提出补救措施，促使第三方加强合规管理，完善内控政策。一方面预防企业因第三方投资、并购前的不合规行为而承担继承责任，另一方面也避免企业因第二方投资并购完成后的不合规行为而承担连带责任，并避免第三方在投资并购完成后发生资产流失的风险。

二、律师开展企业刑事合规内部调查

企业刑事合规内部调查是指在企业违规行为发生之后，要对违规行为、违规责任人以及合规机制的漏洞等问题展开有针对性的调查，以便发现违规行为，识别违规责任人，并针对企业内控机制的漏洞和缺陷进行合规体系的完善工作。通常情况下，企业一旦接到相关举报，进行日常监督检查，进行审计，或者收到监管部门乃至刑事调查部门启动调查程序的信息时，会随之启动公司内部调查程序。由于律师作为外部法律专家，既具有高度的独立性，又可以保证调查的专业性和权威性，还可以行使“保守客户职业秘密的特权”。因此，企业委托律师从事公司内部调查的情况越来越普遍，这种内部调查也成为律师的一项重要合规业务。①

①陈瑞华:《律师如何开展合规业务(三)》,《中国律师》,2020年第11期。

在刑事司法程序中，无论是在公安机关立案前的初查阶段，还是在检察机关审查起诉环节，企业已经建立合规机制的，可以成为说服公安机关作出不立案、检察机关作出不起诉的重要依据。尤其是我国检察机关正在全国范围内进行合规不起诉改革试点，将合规机制纳入附条件不起诉的制度框架之中。对于那些已经建立合规管理机制，或者具有实施合规计划意愿的，检察机关可以作出附条件不起诉的决定，设置考验期，责令涉案企业建立或者完善合规管理机制，并在考验期结束后根据企业实施合规管理机制的进展情况，作出是否提起公诉的决定。这种制度的推行，无疑给律师从事内部调查创造了重要条件。律师可以在公安机关、检察机关进行初步调查或者侦查的同时，启动内部调查程序，提交内部调查报告，争取获得较为宽大的刑事处理。

从所要达成的目的和效果来看，律师合规内部调查可以分为四个方面：一是协助企业配合执法调查和刑事调查的活动；二是查明直接责任人，进行及时的惩戒；三是发现内部管理制度和合规机制的漏洞和缺陷；四是提出进行制度整改和完善合规管理体系的方案。

首先，律师应协助企业调查违法违规事实，查明案件的来龙去脉，将有关证据、书面材料、交易记录、电子文档、证人名单加以收集，在写出完整报告的同时，协助企业将相关证据提交监管部门和司法机关，并做好配合调查的准备工作。不仅如此，对于调查部门没有掌握的违法违规事实，律师也可以说服企业自我调查，必要时写入内部调查报告。内部调查只有建立在自我披露、自我报告的基础上，才能发挥最佳的效果。

其次，律师应协助企业展开对责任人的专门调查。在些内部调查中，这种针对企业内部责任人违法违规行为的调查，有时又被称为“反舞弊调查”。从有效应对调查的角度来说，企业唯有将内部责任人的违法违规事实调查清楚，才能显示积极配合调查、积极整改的诚意，也才可能将企业责任与员工责任进行有效的切割，从而赢得监管部门和司法机关的谅解。

美国司法部在实施合规管理机制时，曾提出一项十分有名的合规准则："追究直接责任人才能放过企业。"律师在进行内部调查时，也应将此作为座右铭，说服并协助企业全面调查直接负责的员工或者公司高管，对其作出必要的处分，必要时将其交付行政机关或司法机关予以追究责任。

再次，律师通过内部调查，应对查明企业内部管理制度的漏洞，并对其合规体系的有效性作出客观评估。这种调查是对企业管理机制的全面体检，目的在于暴露缺陷、漏洞和不足，对其合规管理体系失灵的原因进行全面审查，对企业面临的合规风险领域和风险点作出全面评估。通过这种内部调查，律师可以帮助企业发现屡次发生违法违规行为的原因，为进一步的制度整改和合规体系完善创造必要条件。

最后，律师通过内部调查，应对协助企业提出进行制度整改，建立和完善合规管理体系的完整方案。律师应对企业所面临的合规风险作出重新评估，并针对特定合规风险制定专项的合规计划，如反商业贿赂合规计划、出口管制合规计划、反洗钱合规计划、数据保护合规计划、环境保护合规计划、知识产权合规计划、反不正当竞争合规计划、反垄断合规计划，等等。与此同时，律师还应帮助企业重新打造合规组织体系，重新发布专项合规政策，建立针对合规风险的防控、识别和应对机制，建立合规培训合规定期评估、尽职调查、合规报告、内部举报等合规管理机制。

律师内部调查要达到较为理想的效果，还要遵循几项基本的原则：一是独立性原则；二是保守秘密原则；三是合法性原则。

所谓独立性原则，是指内部调查应尽量避免由公司内部人员完全主导，应当委托外部律师主持调查程序调查团队，尽管可以吸纳公司内部人员（如公司合规管理人员、法务人员等）加入，但不应包括那些与调查事项存在利益关系的员工或者高管。当年西门子公司在违规事件暴发之后，及时委托美国一家享有盛誉的律师事务所组建内部调查团队，对西门子分公司存在的海外贿赂行为、有关员工的法律责任以及公司合规漏洞等问题所进行的全面调查，就是内部调查独立展开的成功范例。不仅如此，独立的内部调查要发挥积极的效果，还需要聘请其他专业人士作为外部专家参与，这些专业人士可以包括会计师、数据专家、公证人员，等等。如此，内部调查的专业性和权威性才可以得到保证。

所谓保守秘密原则，是指在企业进行内部调查过程中应当保守所了解的国家秘密、个人隐私、商业秘密等，避免因泄露这些秘密可能带来的新的法律风险。包括律师、会计师、电子取证专家在内的外部专业人士，应当遵守职业伦理规范，避免泄露相关的职业秘密。与此同时，应当注意平衡信息披露与秘密保护之间的关系。在应对监管调查或刑事调查过程中，应保持与调查人员的配合和协商既要履行法定的信息披露义务，又要注意避免违反保密义务。在应对欧美国家监管调查或刑事调查过程中，应通过委托律师来主导内部调查，从而有效行使律师与客户之间的“保守职业秘密特权”，以有效规避向监管部门或刑事调查部门披露企业商业秘密以及其他秘密的义务。①

所谓合法性原则，是指根据内部调查的目的确定所获取证据的法律效力。假如公司内部调查可能涉及个别员工的刑事犯罪问题，那么公司内部调查的主要目的在于收集证据，以满足刑事立案所要求的证据标准。同时，注重收集证据，证明公司是否有明确的合规规定，内部审批机制是否完善，员工行为是否逃避了公司监管，从而有效地将员工责任与公司责任加以切割。对于所收集的证据，方面公司应当加以妥善保管，根据司法机关的要求及时予以提交。另一方面，假如内部调查的目的在于启动民事仲裁或者民事诉讼，以便追究员工的民事责任，那么内部调查就要在取证主体、取证手段、取证程序、证据形式、取证时限等方面遵从民事诉讼法的要求，以确保所收集的证据符合民事诉讼法有关证据法律资格的要求。

---

①马俊:《企业“刑事合规”凸显律师价值》,《法人杂志》,2023 年第 2 期。

三、律师担任刑事合规第三方机制监督人

根据依据《关于建立涉案企业合规第三方监督评估机制的指导意见（试行）》的相关规定，律师作为第三方机制监督人参与企业合规建设可以履行以下职责。

第一，审查合规计划、提出完善建议、确定考察期限。作为第三方机制监督人，应当要求涉案企业提交专项或者多项合规计划，要求企业明确合规计划的承诺完成时限，对涉案企业合规计划可行性、有效性及全面性进行审查，提出修改完善意见与建议，并根据案件具体情况和涉案企业履行的期限确定合规考察期。

第二，要求定期报告、全面检查、评估和考核涉案企业。作为第三方机制监督人，在合规考察期内，可以定期或者不定期对涉案企业合规计划履行情况进行检查和评估，要求涉案企业定期书面报告合规计划的执行情况，同时抄送负责办理案件的人民检察院；在考察期届满后，应当对涉案企业的合规计划完成情况进行全面检查、评估和考核，制作合规考察书面报告，并报送负责选任第三方组织的第三方机制管委会和负责办理案件的人民检察院。

第三，针对性检查、评估合规计划和报告。作为第三方机制监督人，在涉案企业合规考察期内，可以针对涉案企业合规计划、定期书面报告的具体一项或几项内容开展必要的检查、评估，涉案企业应当予以配合。

第四，中止第三方监督评估程序。涉案企业进行合规整改实则是给予企业一次改过自新的机会，若在合规考察期内第三方组织发现涉案企业或其人员尚未被办案机关掌握的犯罪事实或者实施新的犯罪行为，应当中止第三方监督评估程序，并向负责办理案件的人民检察院报告。

第五，应邀列席案件的听证会，发表意见。涉案企业经过合规整改，检察机关在拟作出不起诉或者从宽处罚的决定之前，作为第三方机制监督

人可以受检察机关邀请参与听证会，就涉案企业及其人员的具体履行情况、合规计划是否可以实现、是否达到整改目的等发表意见。①

作为合规激励机制的重要组成部分，企业合规不起诉制度给了企业以合规换取宽大刑事处理的机会，也给律师行业提供了从事合规监管人业务的机会。合规监管人，发源于合规监管制度。根据这一制度，无论是行政机关还是检察机关，为避免对违法违规企业进行严刑峻法所可能带来的危害后果，尤其是避免因为制裁企业而造成员工、投资人、股东、客户等利益相关方遭受不公平惩罚的结局，往往会选择与涉案企业达成和解。其中，行政机关与涉案企业往往达成行政和解协议，检察机关与涉案企业则达成暂缓起诉协议或者不起诉协议。但无论是何种协议，涉案企业都要缴纳高额罚款，并接受行政机关或检察机关的合规监管。为加强合规监管，行政机关和检察机关都会要求涉案企业接受合规监管人的持续监管。

我国检察机关在合规不起诉制度改革试点中，在确立附条件不起诉制度和合规监管协议制度的基础上，要求涉案企业委托外部独立专业机构担任合规监管人，协助检察机关从事持续不断的合规监管工作，这是一项意义深远的重大制度探索。考虑到担任合规监管人的主要是律师事务所、会计师事务所、税务师事务所等外部专业机构，因此，这项改革无疑给予了律师行业探索新型合规业务的机会。为此，律师应具备以下基本能力。②

首先，律师应具有从事合规监管人所需要的专业能力。一家律师事务所要具备担任合规监管人的资格条件，应当组建企业合规业务部，或者拥有若干名具有合规业务经验的律师。这就意味着，律师不仅要具有企业合规方面的知识和技能，还应当具有从事合规业务的专业经验。为此，律师事务所应当未雨绸缪，尽早进行企业合规方面的人才储备、知识储备和战

①兰芬、万洪宏:《企业合规改革试点下的律师参与》,《中国律师》,2022 年第 10 期。

②陈瑞华:《律师如何开展合规业务(五)》,《中国律师》,2021 年第 1 期。

略布局，通过举办研讨会、论坛、培训等方式，提升律师的合规服务能力。通过为企业客户提供合规服务，制定专项合规计划、展开合规尽职调查、启动合规内部调查、帮助企业应对行政监管调查、展开合规辩护等，磨练和熟悉律师合规业务，成为某一合规领域的专家。尤其是应将律师合规业务细化为专项合规业务，律师事务所可以有意识地培育律师在大数据保护合规、反腐败合规、税收征管合规、知识产权保护合规、环境保护合规、反洗钱合规等方面的知识和技能，做到学有所长，可以独立地开展某一个或某几个领域的合规业务，帮助企业打造若干专项合规计划。律师或者律师事务所一旦具备了企业合规方面的专业知识、技能和经验，就有可能被检察机关或者监管部门纳入“合规监管人名录”或者“合规监管人专家库”中，成为检察机关在遴选合规监管人时的备选人。

其次，律师担任合规监管人的，应与涉案企业形成一种委托代理关系，具有合规顾问的地位。与破产管理人一样，合规监管人一旦接受涉案企业的委托，签订合规监管协议，就与企业建立了一种委托代理关系，承担为企业改善合规管理体系，实施合规管理计划，全面进行制度整改，帮助企业进行“除罪化”或者“去犯罪化”，帮助企业建立一种可以自我监管、自行防范法律风险的制度机制。作为回报，企业应向合规监管人支付必要的报酬，并积极按照合规监管人的建议完善合规机制，消除相关的制度隐患和管理漏洞，争取获得检察机关的宽大刑事处理。①

最后，律师在被检察机关任命为合规监管人后，应与检察机关形成一种协助合规监管的关系，并接受检察机关的持续监督。与企业法律顾问、诉讼代理人、辩护人的角色不同，合规监管人在为企业提供合规监管服务的同时，还要接受检察机关的监督，协助检察机关履行合规考察和合规监

①陈心哲、薛瀚:《企业刑事合规的内化路径探析——以律师业务展望为视角》,《西安石油大学学报(社会科学版)》,2020 年第 3 期。

管的职能。在一定程度上，合规监管人承担着一种“准司法职能”，要遵守法律法规，服从检察机关的合规考察指令，如实、全面披露与企业合规有关的信息，认真、有效执行检察机关批准的合规计划，定期如实报告企业合规建设的进展情况，及时披露和制止企业或内部员工可能存在的违法犯罪行为，督促企业按照检察机关的整改要求进行合规体系建设。对于怠于履行职责或者违反职业行为守则的合规监管人，检察机关有权进行更换。

第二章　涉案企业刑事风险与合规工作内容及流程

第一节　企业经营过程中的刑事风险

一、企业融资刑事风险

（一）非法吸收公众存款罪

1. 法律规定

《中华人民共和国刑法》第一百七十六条：非法吸收公众存款或者变相吸收公众存款，扰乱金融秩序的，处三年以下有期徒刑或者拘役，并处或者单处罚金；数额巨大或者有其他严重情节的，处三年以上十年以下有期徒刑，并处罚金；数额特别巨大或者有其他特别严重情节的，处十年以上有期徒刑，并处罚金。

单位犯前款罪的，对单位判处罚金，并对其直接负责的主管人员和其他直接责任人员，依照前款的规定处罚。

有前两款行为，在提起公诉前积极退赃退赔，减少损害结果发生的，可以从轻或者减轻处罚。

2. 立案追诉标准

《最高人民检察院　公安部关于公安机关管辖的刑事案件立案追诉标准的规定（二）》第二十三条：非法吸收公众存款或者变相吸收公众存款，

扰乱金融秩序，涉嫌下列情形之一的，应予立案追诉：

（一）非法吸收或者变相吸收公众存款数额在一百万元以上的；

（二）非法吸收或者变相吸收公众存款对象一百五十人以上的；

（三）非法吸收或者变相吸收公众存款，给集资参与人造成直接经济损失数额在五十万元以上的；

非法吸收或者变相吸收公众存款数额在五十万元以上或者给集资参与人造成直接经济损失数额在二十五万元以上，同时涉嫌下列情形之一的，应予立案追诉：

（一）因非法集资受过刑事追究的；

（二）二年内因非法集资受过行政处罚的；

（三）造成恶劣社会影响或者其他严重后果的。

（二）集资诈骗罪

1. 法律规定

《中华人民共和国刑法》第一百九十二条规定：以非法占有为目的，使用诈骗方法非法集资，数额较大的，处三年以上七年以下有期徒刑，并处罚金；数额巨大或者有其他严重情节的，处七年以上有期徒刑或者无期徒刑，并处罚金或没收财产。

单位犯前款罪的，对单位判处罚金，并对其直接负责的主管人员和其他直接责任人员，依照前款的规定处罚。

2. 立案追诉标准

《最高人民检察院　公安部关于公安机关管辖的刑事案件立案追诉标准的规定（二）》第四十四条：以非法占有为目的，使用诈骗方法非法集资，数额在十万元以上的，应予立案追诉。

（三）骗取贷款罪

1. 法律规定

《中华人民共和国刑法》第一百七十五条规定：以欺骗手段取得银行

或者其他金融机构贷款、票据承兑、信用证、保函等，给银行或者其他金融机构造成重大损失的，处三年以下有期徒刑或者拘役，并处或者单处罚金；给银行或者其他金融机构造成特别重大损失或者有其他特别严重情节的，处三年以上七年以下有期徒刑，并处罚金。

单位犯前款罪的，对单位判处罚金，并对其直接负责的主管人员和其他直接责任人员，依照前款的规定处罚。

2. 立案追诉标准

《最高人民检察院　公安部关于公安机关管辖的刑事案件立案追诉标准的规定（二）》第二十二条：以欺骗手段取得银行或者其他金融机构贷款、票据承兑、信用证、保函等，给银行或者其他金融机构造成直接经济损失数额在五十万元以上的，应予立案追诉。

（四）贷款诈骗罪

1. 法律规定

《中华人民共和国刑法》第一百九十三条：有下列情形之一，以非法占有为目的，诈骗银行或者其他金融机构的贷款，数额较大的，处五年以下有期徒刑或者拘役，并处二万元以上二十万元以下罚金；数额巨大或者有其他严重情节的，处五年以上十年以下有期徒刑，并处五万元以上五十万元以下罚金；数额特别巨大或者有其他特别严重情节的，处十年以上有期徒刑或者无期徒刑，并处五万元以上五十万元以下罚金或者没收财产：

（一）编造引进资金、项目等虚假理由的；

（二）使用虚假的经济合同的；

（三）使用虚假的证明文件的；

（四）使用虚假的产权证明作担保或者超出抵押物价值重复担保的；

（五）以其他方法诈骗贷款的。

2. 立案追诉标准

《最高人民检察院　公安部关于公安机关管辖的刑事案件立案追诉标

准的规定（二）》第四十五条：以非法占有为目的，诈骗银行或者其他金融机构的贷款，数额在五万元以上的，应予立案追诉。

（五）高利转贷罪

1. 法律规定

《中华人民共和国刑法》第一百七十五条：以转贷牟利为目的，套取金融机构信贷资金高利转贷他人，违法所得数额较大的，处三年以下有期徒刑或者拘役，并处违法所得一倍以上五倍以下罚金；数额巨大的，处三年以上七年以下有期徒刑，并处违法所得一倍以上五倍以下罚金。

单位犯前款罪的，对单位判处罚金，并对其直接负责的主管人员和其他直接责任人员，处三年以下有期徒刑或者拘役。

2. 立案追诉标准

《最高人民检察院　公安部关于公安机关管辖的刑事案件立案追诉标准的规定（二）》第二十一条：以转贷牟利为目的，套取金融机构信贷资金高利转贷他人，违法所得数额在五十万元以上的，应予立案追诉。

二、企业财税刑事风险

（一）逃税罪

1. 法律规定

《中华人民共和国刑法》第二百零一条：纳税人采取欺骗、隐瞒手段进行虚假纳税申报或者不申报，逃避缴纳税款数额较大并且占应纳税额百分之十以上的，处三年以下有期徒刑或者拘役，并处罚金；数额巨大并且占应纳税额百分之三十以上的，处三年以上七年以下有期徒刑，并处罚金。

扣缴义务人采取前款所列手段，不缴或者少缴已扣、已收税款，数额较大的，依照前款的规定处罚。

对多次实施前两款行为，未经处理的，按照累计数额计算。

有第一款行为，经税务机关依法下达追缴通知后，补缴应纳税款，缴纳滞纳金，已受行政处罚的，不予追究刑事责任；但是，五年内因逃避缴纳税款受过刑事处罚或者被税务机关给予二次以上行政处罚的除外。

2. 立案追诉标准

《最高人民检察院 公安部关于公安机关管辖的刑事案件立案追诉标准的规定（二）》第五十二条：逃避缴纳税款，涉嫌下列情形之一的，应予立案追诉：

（一）纳税人采取欺骗、隐瞒手段进行虚假纳税申报或者不申报，逃避缴纳税款，数额在十万元以上并且占各税种应纳税总额百分之十以上，经税务机关依法下达追缴通知后，不补缴应纳税款、不缴纳滞纳金或者不接受行政处罚的；

（二）纳税人五年内因逃避缴纳税款受过刑事处罚或者被税务机关给予二次以上行政处罚，又逃避缴纳税款，数额在十万元以上并且占各税种应纳税总额百分之十以上的；

（三）扣缴义务人采取欺骗、隐瞒手段，不缴或者少缴已扣、已收税款，数额在十万元以上的。

纳税人在公安机关立案后再补缴应纳税款、缴纳滞纳金或者接受行政处罚的，不影响刑事责任的追究。

（二）骗取出口退税罪

1. 法律规定

《中华人民共和国刑法》第二百零四条：以假报出口或者其他欺骗手段，骗取国家出口退税款，数额较大的，处五年以下有期徒刑或者拘役，并处骗取税款一倍以上五倍以下罚金；数额巨大或者有其他严重情节的，处五年以上十年以下有期徒刑，并处骗取税款一倍以上五倍以下罚金；数额特别巨大或者有其他特别严重情节的，处十年以上有期徒刑或者无期徒刑，并处骗取税款一倍以上五倍以下罚金或者没收财产。

纳税人缴纳税款后，采取前款规定的欺骗方法，骗取所缴纳的税款的，依照本法第二百零一条的规定定罪处罚；骗取税款超过所缴纳的税款部分，依照前款的规定处罚。

2. 立案追诉标准

《最高人民检察院 公安部关于公安机关管辖的刑事案件立案追诉标准的规定（二）》第五十四条：纳税人欠缴应纳税款，采取转移或者隐匿财产的手段，致使税务机关无法追缴欠缴的税款，数额在一万元以上的，应予立案追诉。

（三）虚开增值税专用发票罪

1. 法律规定

《中华人民共和国刑法》第二百零五条：虚开增值税专用发票或者虚开用于骗取出口退税、抵扣税款的其他发票的，处三年以下有期徒刑或者拘役，并处二万元以上二十万元以下罚金；虚开的税款数额较大或者有其他严重情节的，处三年以上十年以下有期徒刑，并处五万元以上五十万元以下罚金；虚开的税款数额巨大或者有其他特别严重情节的，处十年以上有期徒刑或者无期徒刑，并处五万元以上五十万元以下罚金或者没收财产。

单位犯本条规定之罪的，对单位判处罚金，并对其直接负责的主管人员和其他直接责任人员，处三年以下有期徒刑或者拘役；虚开的税款数额较大或者有其他严重情节的，处三年以上十年以下有期徒刑；虚开的税款数额巨大或者有其他特别严重情节的，处十年以上有期徒刑或者无期徒刑。

虚开增值税专用发票或者虚开用于骗取出口退税、抵扣税款的其他发票，是指有为他人虚开、为自己虚开、让他人为自己虚开、介绍他人虚开行为之一的。

2. 立案追诉标准

《最高人民检察院 公安部关于公安机关管辖的刑事案件立案追诉标准的规定（二）》第五十六条：虚开增值税专用发票或者虚开用于骗取出口退税、抵扣税款的其他发票，虚开的税款数额在十万元以上或者造成国家税款损失数额在五万元以上的，应予立案追诉。

三、企业知识产权刑事风险

（一）假冒注册商标罪

1. 法律规定

《中华人民共和国刑法》第二百一十三条：未经注册商标所有人许可，在同一种商品、服务上使用与其注册商标相同的商标，情节严重的，处三年以下有期徒刑，并处或者单处罚金；情节特别严重的，处三年以上十年以下有期徒刑，并处罚金。

2. 立案追诉标准

2022 年 4 月 29 日，《最高人民检察院　公安部关于公安机关管辖的刑事案件立案追诉标准的规定（二）》删除了应当立案追诉的规定。

（二）假冒专利罪

1. 法律规定

《中华人民共和国刑法》第二百一十六条：假冒他人专利，情节严重的，处三年以下有期徒刑或者拘役，并处或者单处罚金。

2. 立案追诉标准

2022 年 4 月 29 日，《最高人民检察院　公安部关于公安机关管辖的刑事案件立案追诉标准的规定（二）》删除了应当立案追诉的规定。

（三）侵犯商业秘密罪

1. 法律规定

《中华人民共和国刑法》第二百一十九条：有下列侵犯商业秘密行为之一，情节严重的，处三年以下有期徒刑，并处或者单处罚金；情节特别严重的，处三年以上十年以下有期徒刑，并处罚金：

（一）以盗窃、贿赂、欺诈、胁迫、电子侵入或者其他不正当手段获取权利人的商业秘密的；

（二）披露、使用或者允许他人使用以前项手段获取的权利人的商业秘密的；

（三）违反保密义务或者违反权利人有关保守商业秘密的要求，披露、使用或者允许他人使用其所掌握的商业秘密的。

明知前款所列行为，获取、披露、使用或者允许他人使用该商业秘密的，以侵犯商业秘密论。

本条所称权利人，是指商业秘密的所有人和经商业秘密所有人许可的商业秘密使用人。

2. 立案追诉标准

2022年4月29日，《最高人民检察院　公安部关于公安机关管辖的刑事案件立案追诉标准的规定（二）》删除了应当立案追诉的规定。

四、企业扰乱市场秩序刑事风险

（一）串通投标罪

1. 法律规定

《中华人民共和国刑法》第二百二十三条：投标人相互串通投标报价，损害招标人或者其他投标人利益，情节严重的，处三年以下有期徒刑或者拘役，并处或者单处罚金。

投标人与招标人串通投标，损害国家、集体、公民的合法利益的，依照前款的规定处罚。

2. 立案追诉标准

《最高人民检察院　公安部关于公安机关管辖的刑事案件立案追诉标准的规定（二）》第六十八条：投标人相互串通投标报价，或者投标人与招标人串通投标，涉嫌下列情形之一的，应予立案追诉：

（一）损害招标人、投标人或者国家、集体、公民的合法利益，造成直接经济损失数额在五十万元以上的；

（二）违法所得数额在二十万元以上的；

（三）中标项目金额在四百万元以上的；

（四）采取威胁、欺骗或者贿赂等非法手段的；

（五）虽未达到上述数额标准，但二年内因串通投标受过二次以上行政处罚，又串通投标的；

（六）其他情节严重的情形。

（二）合同诈骗罪

1. 法律规定

《中华人民共和国刑法》第二百二十四条：有下列情形之一，以非法占有为目的，在签订、履行合同过程中，骗取对方当事人财物，数额较大的，处三年以下有期徒刑或者拘役，并处或者单处罚金；数额巨大或者有其他严重情节的，处三年以上十年以下有期徒刑，并处罚金；数额特别巨大或者有其他特别严重情节的，处十年以上有期徒刑或者无期徒刑，并处罚金或者没收财产：

（一）以虚构的单位或者冒用他人名义签订合同的；

（二）以伪造、变造、作废的票据或者其他虚假的产权证明作担保的；

（三）没有实际履行能力，以先履行小额合同或者部分履行合同的方法，诱骗对方当事人继续签订和履行合同的；

（四）收受对方当事人给付的货物、货款、预付款或者担保财产后逃匿的；

（五）以其他方法骗取对方当事人财物的。

2. 立案追诉标准

《最高人民检察院　公安部关于公安机关管辖的刑事案件立案追诉标准的规定（二）》第六十九条：以非法占有为目的，在签订、履行合同过程中，骗取对方当事人财物，数额在二万元以上的，应予立案追诉。

（三）非法经营罪

1. 法律规定

《中华人民共和国刑法》第二百二十五条规定：违反国家规定，有下列非法经营行为之一，扰乱市场秩序，情节严重的，处五年以下有期徒刑或者拘役，并处或者单处违法所得一倍以上五倍以下罚金；情节特别严重的，处五年以上有期徒刑，并处违法所得一倍以上五倍以下罚金或者没收财产：

（一）未经许可经营法律、行政法规规定的专营、专卖物品或者其他限制买卖的物品的；

（二）买卖进出口许可证、进出口原产地证明以及其他法律、行政法规规定的经营许可证或者批准文件的；

（三）未经国家有关主管部门批准非法经营证券、期货、保险业务的，或者非法从事资金支付结算业务的；

（四）其他严重扰乱市场秩序的非法经营行为。

2. 立案追诉标准

《最高人民检察院　公安部关于公安机关管辖的刑事案件立案追诉标准的规定（二）》第七十一条：违反国家规定，进行非法经营活动，扰乱市场秩序，涉嫌下列情形之一的，应予立案追诉：

（一）违反国家烟草专卖管理法律法规，未经烟草专卖行政主管部门许可，无烟草专卖生产企业许可证、烟草专卖批发企业许可证、特种烟草专卖经营企业许可证、烟草专卖零售许可证等许可证明，非法经营烟草专卖品，具有下列情形之一的：

1. 非法经营数额在五万元以上，或者违法所得数额在二万元以上的；

2. 非法经营卷烟二十万支以上的；

3. 三年内因非法经营烟草专卖品受过二次以上行政处罚，又非法经营烟草专卖品且数额在三万元以上的。

（二）未经国家有关主管部门批准，非法经营证券、期货、保险业务，或者非法从事资金支付结算业务，具有下列情形之一的：

1. 非法经营证券、期货、保险业务，数额在一百万元以上，或者违法所得数额在十万元以上的；

2. 非法从事资金支付结算业务，数额在五百万元以上，或者违法所得数额在十万元以上的；

3. 非法从事资金支付结算业务，数额在二百五十万元以上不满五百万元，或者违法所得数额在五万元以上不满十万元，且具有下列情形之一的：

（1）因非法从事资金支付结算业务犯罪行为受过刑事追究的；

（2）二年内因非法从事资金支付结算业务违法行为受过行政处罚的；

（3）拒不交代涉案资金去向或者拒不配合追缴工作，致使赃款无法追缴的；

（4）造成其他严重后果的。

4. 使用销售点终端机具（POS 机）等方法，以虚构交易、虚开价格、现金退货等方式向信用卡持卡人直接支付现金，数额在一百万元以上的，或者造成金融机构资金二十万元以上逾期未还的，或者造成金融机构经济损失十万元以上的。

（三）实施倒买倒卖外汇或者变相买卖外汇等非法买卖外汇行为，扰乱金融市场秩序，具有下列情形之一的：

1. 非法经营数额在五百万元以上的，或者违法所得数额在十万元以上的；

2. 非法经营数额在二百五十万元以上，或者违法所得数额在五万元以上，且具有下列情形之一的：

（1）因非法买卖外汇犯罪行为受过刑事追究的；

（2）二年内因非法买卖外汇违法行为受过行政处罚的；

(3) 拒不交代涉案资金去向或者拒不配合追缴工作，致使赃款无法追缴的；

(4) 造成其他严重后果的。

3. 公司、企业或者其他单位违反有关外贸代理业务的规定，采用非法手段，或者明知是伪造、变造的凭证、商业单据，为他人向外汇指定银行骗购外汇，数额在五百万美元以上或者违法所得数额在五十万元以上的；

4. 居间介绍骗购外汇，数额在一百万美元以上或者违法所得数额在十万元以上的。

(四) 出版、印刷、复制、发行严重危害社会秩序和扰乱市场秩序的非法出版物，具有下列情形之一的：

1. 个人非法经营数额在五万元以上的，单位非法经营数额在十五万元以上的；

2. 个人违法所得数额在二万元以上的，单位违法所得数额在五万元以上的；

3. 个人非法经营报纸五千份或者期刊五千本或者图书二千册或者音像制品、电子出版物五百张(盒)以上的，单位非法经营报纸一万五千份或者期刊一万五千本或者图书五千册或者音像制品、电子出版物一千五百张(盒)以上的；

4. 虽未达到上述数额标准，但具有下列情形之一的：

(1) 二年内因出版、印刷、复制、发行非法出版物受过二次以上行政处罚，又出版、印刷、复制、发行非法出版物的；

(2) 因出版、印刷、复制、发行非法出版物造成恶劣社会影响或者其他严重后果的。

(五) 非法从事出版物的出版、印刷、复制、发行业务，严重扰乱市场秩序，具有下列情形之一的：

1. 个人非法经营数额在十五万元以上的，单位非法经营数额在五十万元以上的；

2. 个人违法所得数额在五万元以上的，单位违法所得数额在十五万元以上的；

3. 个人非法经营报纸一万五千份或者期刊一万五千本或者图书五千册或者音像制品、电子出版物一千五百张（盒）以上的，单位非法经营报纸五万份或者期刊五万本或者图书一万五千册或者音像制品、电子出版物五千张（盒）以上的；

4. 虽未达到上述数额标准，二年内因非法从事出版物的出版、印刷、复制、发行业务受过二次以上行政处罚，又非法从事出版物的出版、印刷、复制、发行业务的。

（六）采取租用国际专线、私设转接设备或者其他方法，擅自经营国际电信业务或者涉港澳台电信业务进行营利活动，扰乱电信市场管理秩序，具有下列情形之一的：

1. 经营去话业务数额在一百万元以上的；

2. 经营来话业务造成电信资费损失数额在一百万元以上的；

3. 虽未达到上述数额标准，但具有下列情形之一的：

(1) 二年内因非法经营国际电信业务或者涉港澳台电信业务行为受过二次以上行政处罚，又非法经营国际电信业务或者涉港澳台电信业务的；

(2) 因非法经营国际电信业务或者涉港澳台电信业务行为造成其他严重后果的。

（七）以营利为目的，通过信息网络有偿提供删除信息服务，或者明知是虚假信息，通过信息网络有偿提供发布信息等服务，扰乱市场秩序，具有下列情形之一的：

1. 个人非法经营数额在五万元以上，或者违法所得数额在二万元以上的；

2. 单位非法经营数额在十五万元以上，或者违法所得数额在五万元以上的。

（八）非法生产、销售“黑广播”“伪基站”、无线电干扰器等无线电设备，具有下列情形之一的：

1. 非法生产、销售无线电设备三套以上的；

2. 非法经营数额在五万元以上的；

3. 虽未达到上述数额标准，但二年内因非法生产、销售无线电设备受过二次以上行政处罚，又非法生产、销售无线电设备的。

（九）以提供给他人开设赌场为目的，违反国家规定，非法生产、销售具有退币、退分、退钢珠等赌博功能的电子游戏设施设备或者其专用软件，具有下列情形之一的：

1. 个人非法经营数额在五万元以上，或者违法所得数额在一万元以上的；

2. 单位非法经营数额在五十万元以上，或者违法所得数额在十万元以上的；

3. 虽未达到上述数额标准，但二年内因非法生产、销售赌博机行为受过二次以上行政处罚，又进行同种非法经营行为的；

4. 其他情节严重的情形。

（十）实施下列危害食品安全行为，非法经营数额在十万元以上，或者违法所得数额在五万元以上的：

1. 以提供给他人生产、销售食品为目的，违反国家规定，生产、销售国家禁止用于食品生产、销售的非食品原料的；

2. 以提供给他人生产、销售食用农产品为目的，违反国家规定，生产、销售国家禁用农药、食品动物中禁止使用的药品及其他化合物等有毒、有害的非食品原料，或者生产、销售添加上述有毒、有害的非食品原料的农药、兽药、饲料、饲料添加剂、饲料原料的；

3. 违反国家规定，私设生猪屠宰厂（场），从事生猪屠宰、销售等经营活动的。

（十一）未经监管部门批准，或者超越经营范围，以营利为目的，以超过百分之三十六的实际年利率经常性地向社会不特定对象发放贷款，具有下列情形之一的：

1. 个人非法放贷数额累计在二百万元以上的，单位非法放贷数额累计在一千万元以上的；

2. 个人违法所得数额累计在八十万元以上的，单位违法所得数额累计在四百万元以上的；

3. 个人非法放贷对象累计在五十人以上的，单位非法放贷对象累计在一百五十人以上的；

4. 造成借款人或者其近亲属自杀、死亡或者精神失常等严重后果的。

5. 虽未达到上述数额标准，但具有下列情形之一的：

（1）二年内因实施非法放贷行为受过二次以上行政处罚的；

（2）以超过百分之七十二的实际年利率实施非法放贷行为十次以上的。

黑恶势力非法放贷的，按照第1、2、3项规定的相应数额、数量标准的百分之五十确定。同时具有第5项规定情形的，按照相应数额、数量标准的百分之四十确定。

（十二）从事其他非法经营活动，具有下列情形之一的：

1. 个人非法经营数额在五万元以上，或者违法所得数额在一万元以上的；

2. 单位非法经营数额在五十万元以上，或者违法所得数额在十万元以上的；

3. 虽未达到上述数额标准，但二年内因非法经营行为受过二次以上行政处罚，又从事同种非法经营行为的；

4. 其他情节严重的情形。

法律、司法解释对非法经营罪的立案追诉标准另有规定的，依照其规定。

五、企业破坏环境资源刑事风险

（一）污染环境罪

1. 法律规定

《中华人民共和国刑法》第三百三十八条：违反国家规定，排放、倾倒或者处置有放射性的废物、含传染病病原体的废物、有毒物质或者其他有害物质，严重污染环境的，处三年以下有期徒刑或者拘役，并处或者单处罚金；情节严重的，处三年以上七年以下有期徒刑，并处罚金；有下列情形之一的，处七年以上有期徒刑，并处罚金：

（一）在饮用水水源保护区、自然保护地核心保护区等依法确定的重点保护区域排放、倾倒、处置有放射性的废物、含传染病病原体的废物、有毒物质，情节特别严重的；

（二）向国家确定的重要江河、湖泊水域排放、倾倒、处置有放射性的废物、含传染病病原体的废物、有毒物质，情节特别严重的；

（三）致使大量永久基本农田基本功能丧失或者遭受永久性破坏的；

（四）致使多人重伤、严重疾病，或者致人严重残疾、死亡的。

有前款行为，同时构成其他犯罪的，依照处罚较重的规定定罪处罚。

2. 立案追诉标准

《最高人民法院　最高人民检察院关于办理环境污染刑事案件适用法律若干问题的解释》第一条规定：实施刑法第三百三十八条规定的行为，具有下列情形之一的，应当认定为“严重污染环境”：

（一）在饮用水水源保护区、自然保护地核心保护区等依法确定的重点保护区域排放、倾倒、处置有放射性的废物、含传染病病原体的废物、有毒物质的；

（二）非法排放、倾倒、处置危险废物三吨以上的；

（三）排放、倾倒、处置含铅、汞、镉、铬、砷、铊、锑的污染物，超过国家或者地方污染物排放标准三倍以上的；

（四）排放、倾倒、处置含镍、铜、锌、银、钒、锰、钴的污染物，超过国家或者地方污染物排放标准十倍以上的；

（五）通过暗管、渗井、渗坑、裂隙、溶洞、灌注、非紧急情况下开启大气应急排放通道等逃避监管的方式排放、倾倒、处置有放射性的废物、含传染病病原体的废物、有毒物质的；

（六）二年内曾因在重污染天气预警期间，违反国家规定，超标排放二氧化硫、氮氧化物等实行排放总量控制的大气污染物受过二次以上行政处罚，又实施此类行为的；

（七）重点排污单位、实行排污许可重点管理的单位篡改、伪造自动监测数据或者干扰自动监测设施，排放化学需氧量、氨氮、二氧化硫、氮氧化物等污染物的；

（八）二年内曾因违反国家规定，排放、倾倒、处置有放射性的废物、含传染病病原体的废物、有毒物质受过二次以上行政处罚，又实施此类行为的；

（九）违法所得或者致使公私财产损失三十万元以上的；

（十）致使乡镇集中式饮用水水源取水中断十二小时以上的；

（十一）其他严重污染环境的情形。

第二条规定：实施刑法第三百三十八条规定的行为，具有下列情形之一的，应当认定为“严重污染环境”：

（一）在饮用水水源保护区、自然保护地核心保护区等依法确定的重点保护区域排放、倾倒、处置有放射性的废物、含传染病病原体的废物、有毒物质的；

（二）非法排放、倾倒、处置危险废物三吨以上的；

（三）排放、倾倒、处置含铅、汞、镉、铬、砷、铊、锑的污染物，超过国家或者地方污染物排放标准三倍以上的；

（四）排放、倾倒、处置含镍、铜、锌、银、钒、锰、钴的污染物，超过国家或者地方污染物排放标准十倍以上的；

（五）通过暗管、渗井、渗坑、裂隙、溶洞、灌注、非紧急情况下开启大气应急排放通道等逃避监管的方式排放、倾倒、处置有放射性的废物、含传染病病原体的废物、有毒物质的；

（六）二年内曾因在重污染天气预警期间，违反国家规定，超标排放二氧化硫、氮氧化物等实行排放总量控制的大气污染物受过二次以上行政处罚，又实施此类行为的；

（七）重点排污单位、实行排污许可重点管理的单位篡改、伪造自动监测数据或者干扰自动监测设施，排放化学需氧量、氨氮、二氧化硫、氮氧化物等污染物的；

（八）二年内曾因违反国家规定，排放、倾倒、处置有放射性的废物、含传染病病原体的废物、有毒物质受过二次以上行政处罚，又实施此类行为的；

（九）违法所得或者致使公私财产损失三十万元以上的；

（十）致使乡镇集中式饮用水水源取水中断十二小时以上的；

（十一）其他严重污染环境的情形。

（二）非法占用农用地罪

1. 法律规定

《中华人民共和国刑法》第三百四十二条：违反土地管理法规，非法占用耕地、林地等农用地，改变被占用土地用途，数量较大，造成耕地、林地等农用地大量毁坏的，处五年以下有期徒刑或者拘役，并处或者单处罚金。

2. 立案追诉标准

《最高人民检察院　公安部关于公安机关管辖的刑事案件立案追诉标

准的规定（一）》第六十七条规定：违反土地管理法规，非法占用耕地、林地等农用地，改变被占用土地用途，造成耕地、林地等农用地大量毁坏，涉嫌下列情形之一的，应予立案追诉：

（一）非法占用基本农田五亩以上或者基本农田以外的耕地十亩以上的；

（二）非法占用防护林地或者特种用途林地数量单种或者合计五亩以上的；

（三）非法占用其他林地十亩以上的；

（四）非法占用本款第（二）项、第（三）项规定的林地，其中一项数量达到相应规定的数量标准的百分之五十以上，且两项数量合计达到该项规定的数量标准的；

（五）非法占用其他农用地数量较大的情形。

违反土地管理法规，非法占用耕地建窑、建坟、建房、挖沙、采石、采矿、取土、堆放固体废弃物或者进行其他非农业建设，造成耕地种植条件严重毁坏或者严重污染，被毁坏耕地数量达到以上规定的，属于本条规定的“造成耕地大量毁坏”。

违反土地管理法规，非法占用林地，改变被占用林地用途，在非法占用的林地上实施建窑、建坟、建房、挖沙、采石、采矿、取土、种植农作物、堆放或者排泄废弃物等行为或者进行其他非林业生产、建设，造成林地的原有植被或者林业种植条件严重毁坏或者严重污染，被毁坏林地数量达到以上规定的，属于本条规定的“造成林地大量毁坏”。

（三）非法采矿罪

1. 法律规定

《中华人民共和国刑法》第三百四十三条：违反矿产资源法的规定，未取得采矿许可证擅自采矿，擅自进入国家规划矿区、对国民经济具有重要价值的矿区和他人矿区范围采矿，或者擅自开采国家规定实行保护性开采的特定矿种，情节严重的，处三年以下有期徒刑、拘役或者管制，并处或者单处罚金；情节特别严重的，处三年以上七年以下有期徒刑，并处罚金。

违反矿产资源法的规定，采取破坏性的开采方法开采矿产资源，造成矿产资源严重破坏的，处五年以下有期徒刑或者拘役，并处罚金。

2. 立案追诉标准

根据《最高人民检察院　公安部关于公安机关管辖的刑事案件立案追诉标准的规定（一）的补充规定》：违反矿产资源法的规定，未取得采矿许可证擅自采矿，或者擅自进入国家规划矿区、对国民经济具有重要价值的矿区和他人矿区范围采矿，或者擅自开采国家规定实行保护性开采的特定矿种，涉嫌下列情形之一的，应予立案追诉：

（一）开采的矿产品价值或者造成矿产资源破坏的价值在十万元至三十万元以上的；

（二）在国家规划矿区、对国民经济具有重要价值的矿区采矿，开采国家规定实行保护性开采的特定矿种，或者在禁采区、禁采期内采矿，开采的矿产品价值或者造成矿产资源破坏的价值在五万元至十五万元以上的；

（三）二年内曾因非法采矿受过两次以上行政处罚，又实施非法采矿行为的；

（四）造成生态环境严重损害的；

（五）其他情节严重的情形。

在河道管理范围内采砂，依据相关规定应当办理河道采砂许可证而未取得河道采砂许可证，或者应当办理河道采砂许可证和采矿许可证，既未取得河道采砂许可证又未取得采矿许可证，具有本条第一款规定的情形之一，或者严重影响河势稳定危害防洪安全的，应予立案追诉。

采挖海砂，未取得海砂开采海域使用权证且未取得采矿许可证，具有本条第一款规定的情形之一，或者造成海岸线严重破坏的，应予立案追诉。

具有下列情形之一的，属于本条规定的“未取得采矿许可证”：

1. 无许可证的；

2. 许可证被注销、吊销、撤销的；

3. 超越许可证规定的矿区范围或者开采范围的；

4. 超出许可证规定的矿种的（共生、伴生矿种除外）；

5. 其他未取得许可证的情形。

多次非法采矿构成犯罪，依法应当追诉的，或者二年内多次非法采矿未经处理的，价值数额累计计算。

非法开采的矿产品价值，根据销赃数额认定；无销赃数额，销赃数额难以查证，或者根据销赃数额认定明显不合理的，根据矿产品价格和数量认定。

矿产品价值难以确定的，依据价格认证机构，省级以上人民政府国土资源、水行政、海洋等主管部门，或者国务院水行政主管部门在国家确定的重要江河、湖泊设立的流域管理机构出具的报告，结合其他证据作出认定。

第二节 涉案企业合规的适用条件

一、涉案企业合规适用的犯罪主体

全国工商联、最高人民检察院等九部委 2022 年 4 月 19 日发布的《涉案企业合规建设、评估和审查办法（试行）》（以下简称《合规办法》）规定：涉案企业是指涉嫌单位犯罪的企业，或者实际控制人、经营管理人员、关键技术人员等涉嫌实施与生产经营活动密切相关犯罪的企业。

最高人民检察院涉案企业合规研究指导组编制的《涉案企业合规办案

手册》（以下简称《办案手册》）中，将涉案企业合规定义为：涉嫌单位犯罪的企业或者实际控制人、经营管理人员、关键技术人员等涉嫌实施与生产经营活动密切相关的犯罪，在检察机关等国家机关或者第三方组织的监督下，通过制定和实施合规整改计划，强化企业自治，建立健全预防违法犯罪的合规管理体系。

2021年6月3日，最高人民检察院、司法部、财政部等九部委联合印发《关于印发〈关于建立涉案企业合规第三方监督评估机制的指导意见（试行）〉的通知》（以下简称《指导意见》）规定，第三方机制适用于公司、企业等市场主体在生产经营活动中涉及的经济犯罪、职务犯罪等案件，既包括公司、企业等实施的单位犯罪案件，也包括公司、企业实际控制人、经营管理人员、关键技术人员等实施的与生产经营活动密切相关的犯罪案件。在该《指导意见》中同样明确，纪检监察机关认为涉嫌行贿的企业符合企业合规试点以及第三方机制适用条件，向人民检察院提出建议的，人民检察院可以参照适用本指导意见。

（一）公司主体

《指导意见》的适用范围并没有对“公司、企业等市场主体”进行明确的限制，《办案手册》规定了“企业”的范围，主要是指涉案企业以及与涉案企业相关联企业等各类市场主体，包括国企民企、内资外资、大中小微企业等。因此，无论是民营企业还是国有企业，无论是中小微企业还是上市公司，只要涉案企业系因在生产经营活动涉及刑事犯罪，能够认罪认罚，并能正常生产经营、承诺建立或者完善企业合规制度、具备启动第三方机制的基本条件，自愿适用的，都可以适用涉案企业合规改革。

（二）自然人主体

根据《指导意见》《合规办法》，以自然人为主体包括：在企业实施的与生产经营活动密切相关的企业实际控制人、经营管理人员、关键技术人员，将适用对象范围扩展至企业关键成员，是由我国现行法律制度、企业结构体系与经济发展特征共同决定的，说明除单位犯罪以外，涉案企业合规整改不排除自然人犯罪。

而对于自然人主体与公司主体适用涉案企业合规的法律后果是否一致，即是否通过合规不起诉达到防控企业面临刑事处罚的同时，也避免公司涉案人员承担刑事责任，在理论与实践存在一定争议。

陈瑞华教授认为，企业合规的本质是通过将企业责任与高管责任、员工责任、第三方责任和被投资并购方的责任进行更有效的切割，最大限度地保证企业不因上述各方的违法违规行为而承担法律责任，从而有效避免法律风险。这种企业合规不仅不等于企业家的风险防控，而且还将企业责任与企业家责任进行了必要的区分。[①] 最高人民检察院意见则认为，涉案企业合规改革从中国国情出发，实事求是，因地制宜，不是根据犯罪主体来区分宽或严，而是从案件具体情况和责任轻重的角度，紧密结合认罪认罚从宽制度，全面贯彻宽严相济刑事政策，真正做到当宽则宽、该严则严。在最高检公布的 20 个典型案例中，12 个案例采用了对企业和企业负责人双重不起诉，3 个案例在未认定单位犯罪的前提下，单独对自然人犯罪适用了企业合规。

案例一：王某某、林某某、刘某乙对非国家工作人员行贿案，系最高检首批涉案企业合规典型案例三。

Y 公司（H 公司的音响设备供货商）业务员王某某，为了在 H 公司音响设备选型中获得照顾，向 H 公司采购员刘某甲陆续支付好处费 25 万元，并在刘某甲的暗示下向 H 公司技术总监陈某行贿 24 万余元。由王某某通过公司采购流程与 A 公司签订采购合同，将资金转入至 A 公司账户，A 公司将相关费用扣除后，将剩余的资金转入至陈某指定的账户。Y 公司副总裁刘某乙、财务总监林某某，对相关款项进行审核后，王某某从公司

---

①陈瑞华：《企业合规基本理论》（3 版），北京：法律出版社，2022 年版。

领取行贿款项实施行贿。

案发后，检察机关与 Y 公司签署合规监管协议，围绕与商业贿赂犯罪有密切联系的问题，制定可行的合规管理规范，防止再次发生相同或者类似的违法犯罪。Y 公司对内部架构和人员进行重整，着手制定企业内部反舞弊和防止商业贿赂指引等一系列规章制度，增加企业合规的专门人员。最终，检察机关对王某某依据刑事诉讼法第一百七十七条第二款作出不起诉决定，对林某某、刘某乙依据刑事诉讼法第一百七十七条第一款作出不起诉决定。

案例二：王某某泄露内幕信息、金某某内幕交易案，系最高检第三批涉案企业合规典型案例二。

2017 年 1 月 15 日，K 公司实际控制人卢某某与 C 公司时任总经理张某某达成合作意向。同年 4 月 7 日，C 公司发布复牌公告，宣布与 K 公司终止资产重组。经中国证监会认定，上述收购事项在公开前属于内幕信息，内幕信息敏感期为 2017 年 1 月 15 日至 4 月 7 日。王某某作为 K 公司董事会秘书，自动议开始知悉重组计划，参与重组事项，系内幕信息的知情人员。2016 年 12 月和 2017 年 2 月 9 日，王某某两次向其好友金某某泄露重组计划和时间进程。金某某获取内幕信息后，为非法获利，于 2017 年 2 月 9 日紧急筹集资金，使用本人证券账户买入 C 公司股票 8.37 万股，成交金额人民币 411 万余元，复牌后陆续卖出，金某某亏损合计人民币 50 余万元。

后北京市公安局以王某某、金某某涉嫌内幕交易罪向北京市人民检察院第二分院移送审查起诉。审查起诉期间，北京市人民检察院第二分院对 K 公司开展企业合规工作，合规考察结束后结合犯罪事实和企业合规整改情况对被告人提出有期徒刑二年至二年半，适用缓刑，并处罚金的量刑建议，与二被告人签署认罪认罚具结书。

案例三： 山西新绛南某某等人诈骗案，系最高检第四批涉案企业合规典型案例三。

2019 年 9 月 7 日，L 公司工人张某乙在生产车间作业时遭机器轧伤右手。因公司未给工人张某乙缴纳工伤保险，为逃避企业承担高额赔偿金，L 公司总经理南某某安排 L 公司会计张某甲为张某乙于 9 月 9 日补缴工伤保险，采取办理出院再二次入院的手段，虚构张某乙受伤时间，骗取工伤保险赔偿款 26 万余元。案发后，南某某等 3 人主动投案，如实供述犯罪事实，自愿认罪认罚，L 公司将 26 万余元返还社保中心。

公安机关在侦查过程中邀请检察机关介入，涉案企业主动申请适用合规考察，检察机关作出不批准逮捕的决定并同步开展合规准备工作。2022 年 1 月 22 日，根据 L 公司的申请，检察机关决定对 L 公司启动合规考察程序。2022 年 1 月，新绛县公安局以南某某、张某甲、张某乙三人涉嫌诈骗罪向新绛县检察院移送审查起诉。检察机关受理案件后，经三个月合规考察，2022 年 5 月 18 日，新绛县检察院依法对南某某等 3 人作出不起诉决定。

目前，最高检也并未对现存争议问题进行规范或准确评价，办理案件的过程中，还需结合相关刑事政策及案件实际情况进行综合考量。涉案企业合规这一司法政策，是基于我国优化法治化营商环境的大背景，企业合规与法治化营商环境的价值目标具有一致性。而受企业规模限制，民营企业不同于国有企业具有分工明确、运行有序的管理体系，大部分民营企业的发展核心动力及发展导向来源于民营企业家，企业家的意志往往代表着企业的意志。通过已有案件经验，一旦民营企业家涉嫌刑事犯罪从而失去人身自由，整个企业通常也面临停滞、无法继续发展，随之而来的就是大量员工下岗失业。如何解决涉案民营企业与涉案企业家之间的紧密联系，又达到惩治预防企业违法犯罪与保障经济社会高质量发展的平衡，真正做到涉案企业合规整改工作落到实处、形成良好的社会效果与法律效果相统一，还需在进一步推行涉案企业合规工作的过程中不断探索创新。

二、适用涉案企业合规的例外

《指导意见》规定了刑事合规主体的消极条件，即：①个人为进行违法犯罪活动而设立公司、企业的；②公司、企业设立后以实施犯罪为主要活动的；③公司、企业人员盗用单位名义实施犯罪的；④涉嫌危害国家安全犯罪、恐怖活动犯罪的；⑤其他不宜适用的情形。

而该条规定的前三项，实际上是最高人民法院《关于审理单位犯罪案件具体应用法律有关问题的解释》中规定的不以单位犯罪论处的情形。

三、涉案企业合规整改的前置性条件

企业通过开展有效的涉案企业合规整改工作，除了能与司法机关协商达成刑事豁免或判处较轻刑罚外，还能通过自查纠错、建章立制等方式建立企业合规管理体系，有效预防企业在之后的生产经营活动中出现刑事责任风险，并能杜绝类似违法犯罪行为的发生。

而开展合规整改、建立合规体系以达到实现从宽处罚的效果，需要企业具备必要的前置性条件。根据《指导意见》的规定，对于同时符合："(1)涉案企业、个人认罪认罚；(2)涉案企业能够正常生产经营，承诺建立或者完善企业合规制度，具备启动第三方机制的基本条件；(3)涉案企业自愿适用第三方机制。"三项条件的涉企犯罪案件，可以根据案件情况适用该指导意见。该规定的核心在于企业需认同、配合司法机关的司法认定以及执法部门的整改要求，并且企业具有可挽救性，切实实现"保企业就是稳就业保民生"的基本要求。

同时《合规办法》要求，涉案企业应当全面停止涉罪违规违法行为，退缴违规违法所得，补缴税款和滞纳金并缴纳相关罚款，全力配合有关主管机关、公安机关、检察机关及第三方组织的相关工作。该条规定明确了企业应当停止侵害，对犯罪行为采取补救措施，并且缴纳相应的罚款。针对前述前置性条件，分别作简要分析如下。

（一）涉案企业停止实施犯罪行为并采取补救措施

企业所实施的犯罪，要么属于体现企业整体意志的系统性犯罪行为，要么是由于企业管理失控而导致的非系统性犯罪行为。[①] 由于犯罪行为对于社会具有相应的危害性，停止实施正在进行的犯罪行为，或者采取手段控制危害后果的进一步发生，是体现行为人悔罪态度最直观的体现。在实务中，通常存在小微企业管理人员法律意识淡薄，未能区分经营过程中的违法违规行为从而触犯刑律，在被司法机关立案调查后才意识到行为存在法律风险的情形。当然也不乏有部分企业为牟取不法利益，故意采取手段企图规避司法机关侦查的情况，但无论是出于什么原因面临刑法追责，立即停止正在实施的犯罪行为才能证实企业具有悔罪态度，获得与司法机关进一步协商适用涉案企业合规整改的机会。

采取补救措施的目的实际上是为降低犯罪行为造成的社会危害性及损害后果，针对不同的案件情况，采取补救措施的手段多样。根据编者办理的案件，补救措施包括但不限于：①存在具体侵害对象的，赔偿被害人或被害单位的经济损失，并可适当给予赔偿金；②因实施犯罪行为获得相应利益的，退缴违规违法所得；③因实施犯罪行为规避税收监管的，补缴相应税款；④破坏生态环境、自然资源的，开展地质环境治理及土地复垦工作，恢复生态环境，并支付相应的资源价值损失、服务功能损失及生态环境损害惩罚性赔偿金。

（二）涉案企业认罪认罚

认罪认罚是启动涉案企业合规的第一要件，两高三部《关于适用认罪认罚从宽制度的指导意见》明确：认罪认罚从宽制度中的“认罪”，是指

①陈瑞华：《企业合规出罪的三种模式》，《比较法研究》，2021 年第 3 期。

犯罪嫌疑人、被告人自愿如实供述自己的罪行，对指控的犯罪事实没有异议；“认罚”，是指犯罪嫌疑人、被告人真诚悔罪，愿意接受处罚。

但认罪认罚并非意味着企业完全失去抗辩权利，涉案企业承认指控的主要犯罪事实，仅对个别事实情节提出异议，或者虽然对行为性质提出辩解但表示接受司法机关认定意见的，不影响“认罪”的认定。“认罚”考察的重点是犯罪嫌疑人、被告人的悔罪态度和悔罪表现，应当结合退赃退赔、赔偿损失、赔礼道歉等因素考量。但只有涉案企业承认被指控的犯罪事实、接受司法机关的处罚建议，才能体现涉案企业真诚悔罪、自愿进行合规整改并接受有关部门审查监督的决心，从而实现节约司法资源、化解社会矛盾、推动国家治理体系和治理能力现代化的目的。

（三）涉案企业具备生产经营条件，并作出合规承诺

涉案企业能够正常生产经营，实际与具备启动第三方机制的基本条件相关联，如果企业已经停工停产、濒临破产，那么意味着该企业即便对其适用宽缓政策，也无法为地方经济发展、稳定民生就业等带来增益效果，也就不具备挽救必要，不符合开展合规整改的条件。

编者办理的一起污染环境案件中，L 公司系由行为人实际控制的民营企业，司法机关认定因行为人排放储存在 L 公司消防罐内的污水污染河道，对生态环境造成破坏，造成了巨额公私财产损失。但由于 L 公司原先经营项目已停工停产，检察机关前往公司实地考察时，L 公司属于停工状态，除看门人员外也没有其他工作人员在岗，所以检察机关认定 L 公司不具备适用企业合规的条件。

合规承诺应当系涉案企业出于真实意思表示作出的，通常以书面形式提交承诺对象。根据编者办理案件的情况，具体包含两个承诺对象：

一是在向检察机关申请适用，或检察机关已决定启动合规整改工作时，对检察机关作出的合规承诺。具体内容可包括：①涉案企业提供的材料、数据客观真实，调取程序合法；②认罪认罚；③承诺建立长期有效的合规管理体系；④承诺建立合规体系框架，有效预防违法违规风险的发生，并对计划开展的工作作简要说明；⑤自愿服从检察机关监督管理；⑥承诺建立合规文化，形成常态化合规监管机制；⑦承诺无危害国家安全、公共安全以及其他严重危害他人人身、财产安全的情况。

二是第三方监管小组进驻公司后，对第三方监管小组作出的合规承诺。具体内容可包括：①向第三方监管小组提供的资料真实、完整、合法、有效；②接受第三方监管小组的监管及考察；③按照合规计划定期向第三方监管小组书面报告合规计划执行情况；④考察期内对第三方机构提出的整改、验收意见，愿意积极进行整改；⑤承诺考察期内不会实施新的犯罪，及其他违反合规考察承诺的行为；⑥承诺根据规定支付第三方监管小组费用。

（四）涉案企业自愿配合并接受相关部门指导考察

企业合规建设从本质上来讲，属于企业经营权、管理权自治的范畴，而涉案企业刑事合规，同样是在企业对内控管理机制开展自查自纠工作的情况下，引入检察机关和第三方监管小组的监督指导，而第三方机制以企业自愿为适用的前提，并非是强制性的程序。但配合第三方的指导考察活动，能体现出企业放弃司法对抗、真诚认罪悔罪、积极开展全面整改的意愿，从多个专业角度考察合规整改成果，有助于涉案企业充分了解潜在的违规违法风险点，形成有效的风险防控机制。

第三节 涉案企业合规的工作内容及工作流程

一、涉案企业合规工作内容

（一）涉案企业合规监管模式

目前涉案企业合规监督考察主要有两种模式：

一种是第三方监督评估机制（第三方机制）模式，即启动合规整改程序后，检察机关将案件移交第三方监督评估机制管理委员会（以下简称第三方管委会）选任组建的第三方监管小组，对涉案企业合规整改情况进行监督、考察、评估、验收，第三方组织的评估结论成为检察机关依法处理案件的重要参考。当前涉案企业合规工作中，第三方机制模式是主流监管模式。

由于涉案企业所涉罪名不同，有针对性地开展专项合规整改工作必然涵盖不同的侧重点，除法律适用、法律风险分析评估外，可能还涉及财税、消防、生态环境、安全环保等领域的问题亟待整改，具有较强的专业性。根据中华全国工商业联合会发布的《涉案企业合规第三方监督评估机制专业人员选任管理办法（试行）》，第三方监督评估工作的相关领域专业人员，主要包括律师、注册会计师、税务师（注册税务师）、企业合规师、相关领域专家学者，以及有关行业协会、商会、机构、社会团体（以下简称有关组织）的专业人员。生态环境、税务、市场监督管理等政府工作部门中具有专业知识的人员可以被选任确定为第三方机制专业人员。结合案件实际情况，由第三方管委会确定各领域人员进驻涉案公司，一定程度上弥补了在公司治理等方面的专业性空缺。

另一种是检察机关提出检察建议的自行监管模式，这种模式下的涉案企业合规也称为“简式合规”。该模式主要针对治理模式、业务规模、员工数量、资金能力都较弱，但同样具有发展潜力的小微企业。该模式体现在检察机关有能力查明涉案企业的性质、经营状况、经营模式、违法犯罪记录、违法犯罪事实、在经营管理方面存在的漏洞，便于识别、管控企业合规风险。[①] 在合规方案的制定上，该模式可以充分做到“因案制宜”，根据小微企业涉案的具体情况，检察机关可以直接宣告送达企业合规检察建议，要求涉案企业采取有效措施推进企业合规工作，涉案企业直接向检察机关反馈工作进展。

然而，结合编者参与办理的涵盖两种监管模式的多家涉案企业合规工作来看，对于涉案企业来说无论适用何种模式，其开展合规整改工作内容大同小异，都是以专项合规为重点、全面合规为目标，从专项合规走向全面合规。

结合实际办理案件经验，针对涉案企业合规工作内容做简要分享如下。

（二）涉案企业合规体系建设的基本内容

1. 制定专项合规整改计划

涉案企业合规以全面合规为目标，专项合规为重点，应根据企业类型及涉案情况的不同有针对性地制定合规计划并开展企业合规工作。合规计划可以理解为合规整改方案，是涉案企业开展合规工作遵循的工作步骤及对合规工作的承诺。通常合规计划中需涉及以下几方面的内容。

（1）公司基本情况概述

为了便于检察机关、第三方监管小组快速了解涉案企业系正在经营的实体企业，并且承担了一定的社会责任，具有良好的发展潜力，编者在指导公司撰写合规计划时，会优先将公司基本情况作简要说明，如现有员工

---

①徐化成:《涉案企业合规不起诉检察建议模式探析》,《检察日报》,2021 年 11 月 23 日，第 7 版。

数量、承担社保人员工资情况、纳税情况、获得荣誉、社会贡献等。

（2）合规整改工作概述

合规计划作为公司整改期内开展工作的参照标准，并且需向公司员工进行贯宣，所以应将合规意义、合规目标、制订合规计划遵循的原则等进行说明，与司法政策的核心价值观、战略保持一致，也便于公司员工理解合规工作开展的价值，做到有效合规。

（3）犯罪成因分析

此处提及的犯罪成因分析，与将在第（四）部分提到的剖析犯罪成因内容及设立目的存在相同。在合规整改计划中分析犯罪成因，是为通过具体剖析，为制定专项合规计划提供抓手，实现以专项合规带动全面合规的目标。

（4）具体合规方案

具体合规方案的制定，要结合检察机关、第三方监管小组要求的整改期限制定详细的合规计划，分阶段、分步骤地开展相应工作，针对具体执行落实的问题，详细规定每个工作周期都需要完成哪些合规整改工作、工作有哪些步骤、计划如何开展等都应当明确写在方案之中。但要结合公司实际情况，制定具体、可操作的整改方案。

2. 确定合规管理机构与合规领导者，确定具体岗位职责

合规管理机构，是指在企业经营管理过程中，为实现其合规风险防控的治理目标而在企业内部设置的独立的职能机构。合规管理机构是企业合规治理体系的重要组成部分，承载合规政策和计划的设计及推行，负责识别和预判企业经营管理中的合规风险，保障合规计划的整改落地。[①] 构建合规管理机构是开展合规工作的基本前提，其建立主要为企业后续合规工

---

①最高人民检察院涉案企业合规研究指导组：《涉案企业合规办案手册》，北京：中国检察出版社，2002 年版。

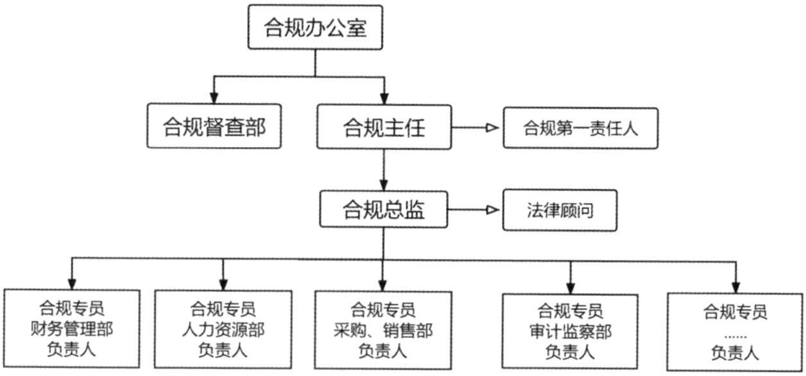

图 2-1 合规组织设置框架

作的开展提供管理支持与统筹保障，形成公司各部门管理合力。独立新建部门同时赋予合规管理机构相应的监管权力，能够使其不受公司管理层的领导，独立应对涉及公司合规管理的事宜，对管理层的权力也起到实质性的制约作用。具体而言，合规管理机构的建立应遵循以下原则。

独立性原则。该原则要求合规管理机构独立于公司原有组织结构框架外，其并非是在管理层项下的执行部门，而是直接对决策层负责。并且其运作机制也有别于公司原有制度，比如需确立合规管理机构可直接参与公司经营事务，凡涉及企业重大经营决策先经合规办公室审批决议后报决策层执行，同时也接收公司员工、外界人员的合规举报，负责违规事件的调查处理。

匹配性原则。合规管理机构的建立不能脱离公司的实际经营情况，需要具体分析公司的经营模式、组织结构和业务规模等因素，兼顾成本与效率，建立具有可操作性、有效的合规管理机构。

全面性原则。合规管理机构中的合规专员应覆盖公司所有业务领域和部门，贯穿决策、执行、监督、反馈等各个环节，并且赋予其相应的职权。①调查权。合规管理机构有权对接收的举报信息或违规事件开展调查，有权向具体责任人、涉及人员开展谈话问询，并有权获取公司相应档案资料用以查明事件真相。②信息权。合规管理机构有权获得公司除商业秘密外的财务、人事、销售、采购、安全管理等信息数据，并且接收、查阅各部门上交的风险自查报告，用以评估公司涉及经营风险及真实经营情况。

组织机构设立需要结合公司规模、人员构成等实际情况综合考虑，避免合规整改工作成为“纸面合规”。比如编者在办理一起简式合规的过程中发现，该公司在建设体系架构初期，忽视了公司的实际情况，依旧照本宣科设立三阶层组织体系框架，由于该公司属于小微企业，出现了人员岗位重合、管理层与合规管理组织未能有效进行分工的情况，依旧由公司实际控制人担任合规部主任，不能实际起到合规管理组织的监管作用。在律师的整改建议下，该公司重新制定了两阶层的组织体系并重新确定领导小组成员，由公司员工担任合规部主任，真正起到合规部参与公司管理、审核经营决策的关键作用，该举措也获得检察机关的认可。

3. 确立合规风险处置流程

《合规管理体系要求及使用指南》（ISO 37301）中强调：

Then organization shall plan:

a）actions to address these risks and opportunities

即组织者应策划应对这些风险和机遇的措施。

风险处置流程可以根据公司规模、人员配置及工作需要，制定异常情况处置流程或专项风险事件应急处置流程。以异常情况为例，公司可分以下几个步骤进行：

①出现异常情况后，员工须及时会同分管领导对该异常情况给予妥善处理，并及时将该情况及后续处理进展上报合规管理部门。

②合规管理部门在收到异常情况后，应协助有关部门尽快妥善处理和解决问题，或对已经处理的结果发表意见，并对异常情况发生原因进行调查。

③异常情况处理完毕后，合规管理部门应通报此次异常情况发生原因

及处理手段，相关业务部门应视情况对部门业务制度和流程进行完善。

④合规管理部门应整理此次异常情况并归档管理，定期对当期的异常情况处理情况进行跟踪了解。

（三）涉案企业合规制度建设的基本内容

1. 制定企业合规管理制度

目前，涉案企业合规整改要三至六个月，通常来说，难以在整改期间内直接验证合规整改工作为公司后续生产经营带来的改变，但以规章制度作为约束，能够使得公司的经营活动在合规框架内进行。《办案手册》提出，结合现有国际标准化组织文件以及规范性文件，广义上的合规管理制度应包括 13 个构成要素，即合规方针、合规组织、合规风险管理、合规制度与流程、合规审查、合规管理评估、合规审计、合规考核与评价、合规宣传与培训、违规管理与问责、合规计划与合规报告、合规管理信息系统及合规文化。为确保企业在生产经营过程中遵守合规要求，避免出现违法违规风险，合规管理制度建立的前提是对企业进行风险识别，准确、有针对性地将合规管理与公司管理规章制度相结合。

与合规管理机构相似，合规管理制度的建立实际是为涉案企业构建出尽可能全面的合规管理体系，不单局限于有针对性的制度纠错与管理修复，还需要企业在今后的实际经营过程切实体现出合规管理制度的监管作用。同时九部委《合规办法》中明确，合规管理制度机制应当确保合规管理机构或者管理人员独立履行职责，对于涉及重大合规风险的决策具有充分发表意见并参与决策的权利。

以编者办理的一起合规监管第三方组织已同意通过合规整改的 N 公司为例，该公司系年工业总产值 47 亿余元、员工 800 余名的民营企业，将合规制度文件分为“合规篇”与“制度篇”两部分进行建设。其中“合规篇”分为“合规法律法规指引”“合规管理组织建设”“合规体系管理制度”三部分；“制度篇”主体部分分为“组织机构管理”“专业系统管理”“企业文化管理”三类，分上、中、下卷汇编。其中“合规体系管理制度”中，除《企业合规管理办法》之外，还将合规管理考核与评价管理制度以及公司各部门具体的合规管理制度进行汇编。

同时，制定企业合规管理制度中应建立合规审查，确定由合规管理部门对公司经营的待决策事项进行审查。在实务中需要实施合规审查的事项可分为以下几种情形：①开展新业务、推出新产品、拓展新的业务方式等重大业务决策时；②对外合同的起草、签订；③公司章程、管理规定的变更或新增；④公司业务作出决定前；⑤公司制度、流程中规定必须经合规审查的其他事项等。

2. 针对涉案情况新增或重新修订专项制度

公司因其行为涉嫌刑事犯罪，实际已经暴露出公司生产经营过程中存在的漏洞，制定或修订专项管理制度能够有效防止再次发生相同或者类似的违法犯罪行为。律师参与涉案企业合规整改工作中，可以为企业量身制定合规计划执行表明确专项合规推进路径，并释明具体应开展的工作，提出专项整改意见。比如在办理 N 公司案件过程中，编者在全面查阅案卷材料后，发现该公司除管理人员法律意识淡薄外，公司的内部管理未形成有效监管机制，财务制度执行不严格导致资金违规支取情况频发等问题也是导致公司涉案的原因。建议公司紧扣犯罪成因及前述隐患。

公司经自查分析后，针对公司财务管理制度存在漏洞及执行不到位问题，新增制定了《现金管理工作制度》《非经营性指出管理工作制度》，规范了现金收取和使用的范围，设置了库存现金不得超过 3000 元的限额标准，并规定了现金不得坐支，收支现金必须当日存入银行；对非经营性支出设置了禁止条款，禁止向国家工作人员、国有企业、私有公司、企业的工作人员以捐赠、赞助、回扣等形式支付资金、物品等，且禁止回购上述人员私有财产；同时设置了借款或支付的审批流程，借款必须注明详细用途，审批环节增加合规部审核环节等。

针对已制定《反商业贿赂手册》但不完善及未执行落实问题，修订并向员工下发《反商业贿赂手册》，通过八章节 123 款的条例规定，为公司依法合规开展生产经营活动提供了规范性商业活动制度保障。同时，重新修订了供应、销售合同版本，增加了针对贿赂行为的明确规定条款，并在合同版本最后增加重要提示，说明合作方可随时向公司举报公司业务人员的违法违规行为。

3. 制定员工手册

员工手册的制定目的在于将公司责任与高管和员工责任进行有效切割，避免出现因个人行为导致公司面临刑事处罚。公司应结合规模、经营方式等实际情况，将法律、法规、政策的条款具体化，使《员工手册》具有可操作性，在开展合规绩效评价、合规奖惩时以遵守员工手册作为评判标准之一。但制定员工手册时应当注意合理合法，不得违反公平原则。

《中华人民共和国劳动合同法》第四条规定：用人单位在制定、修改或者决定有关劳动报酬、工作时间、休息休假、劳动安全卫生、保险福利、职工培训、劳动纪律以及劳动定额管理等直接涉及劳动者切身利益的规章制度或者重大事项时，应当经职工代表大会或者全体职工讨论，提出方案和意见，与工会或者职工代表平等协商确定。在规章制度和重大事项决定实施过程中，工会或者职工认为不适当的，有权向用人单位提出，通过协商予以修改完善。用人单位应当将直接涉及劳动者切身利益的规章制度和重大事项决定公示，或者告知劳动者。

因此，员工手册内容中应注意以下几点：①内容必须符合国家法律、行政法规和政策的规定；②《员工手册》的制定需经过民主讨论程序；③应全面规定员工合规工作事项，包括但不限于劳动纪律、工作流程、管理制度规范、合规要求等；④应作为单位正式文件向全体员工下发《员工手册》，并确保全体员工了解《员工手册》内容，可以通过公告栏公示、组织签订员工承诺书、开会宣告并留存相应会议纪要及签到表等形式；⑤内容公平合理，不能处罚过度。

（四）涉案企业合规监管内容

“纠错性整改说”强调合规整改的目标主要是对涉罪行为有针对性地进行纠错并对危害后果进行弥补，认为让企业刑事合规计划行之有效的前提条件是，针对特定合规风险量身打造，也即刑事合规计划必须具有针对性。针对性要求刑事合规计划应当包括以下两个方面内容：第一，对犯罪原因的分析，包括客观原因分析和主观原因分析，以真正体现企业对自身犯罪行为的认识；第二，针对犯罪原因而预采取的补救措施，以预防企业再次实施犯罪行为。[①] 据此，涉案企业应当从以下几个方面开展整改工作。

1. 识别、评估、分析企业风险

（1）剖析犯罪成因

涉案企业之所以触犯刑律，通常存在多方面的原因，但分析最高检颁布的典型案例及办理的五家涉案企业合规工作可以发现，出现单位犯罪的原因通常是由于公司管理存在漏洞、公司治理缺少监管制约机制、财务制度执行不严格、存在制度隐患等。

比如编者在办理一起公司涉嫌串通投标的合规整改案件中，律师通过审查公司提供的资料发现，由于该公司属于小微企业，公司治理结构较为单一，总经理负责决定经营的大小事项。在某项目招标的过程中，为了提高中标概率，公司总经理遂联系另外两家具有投标资质的单位配合围标，并安排公司人员分别制作三个公司的标书，由财务统一拨款用于支付投标保证金，并要求公司员工共同前往评标单位参与投标，涉嫌串通投标罪。

以该案为例，我们可以分析企业面临刑事责任风险是由以下几个原因导致的：

---

①王焰明、张飞飞：《企业刑事合规计划的制定要把握四个特性》，《检察日报》，2021 年 7 月 13 日，第 7 版。

一是公司治理结构形同虚设。这一点实际是民营企业普遍存在的问题，不仅是类似本案的小微企业由于规模小、员工少、治理体系建设不完善导致出现“一言堂”的局面，即便是中等规模的民营企业，也会面临管理层会议流于形式的问题。民营企业发展到中等规模，需要领导者具备极强的统筹规划能力及解决问题的能力，也正因此，民营企业的实际控制人掌握了极大的话语权及管理权威，即便有意识建立现代化的公司治理结构，增设董事会、股东大会、监事会等机构进行权力制约，但并不能起到真实、有效的监督作用，这也直接导致了公司的实际控制人独断专行、违反规章制度开展的工作，为公司带来了相应刑事责任风险。

二是公司财务管理存在漏洞。大部分公司为规范公司经营活动、预防职务犯罪，均会制定财务管理制度，但该部分制度侧重点在于规范内部人员的支取报销，或与合作伙伴订立合作关系时的资金流转，对于超出公司正常生产经营的活动，以及对实际控制人的资金取用缺少相应的管理及审核。比如该案中投标保证金的支取；又如在某单位涉嫌单位行贿罪一案中，行贿款项的支出系从公司账户中直接转出至个人，这些资金的支出即便缺少流转的正当性，却都因为实际控制人的直接要求予以拨付，违反了公司的财务管理要求，致使公司涉嫌刑事犯罪。

三是公司管理层及员工法律意识淡薄，缺少合规意识。在办理案件过程中我们发现，部分单位针对此次涉案行为类似的行为已受到过多次行政处罚，但公司内部对行政处罚的原因、后果不进行分析研讨，仅“就事论事”，将该处罚涉及行为整改完毕即可，未进行系统性整改，更未针对该行为建立对应的风险预警机制。除实际控制人、公司管理层缺乏法律知识外，单位员工也欠缺法律常识，对于领导交代的工作不经审核照办不误，即便先前出现过同样的风险问题也不加研判，导致公司最终触犯刑事责任。

四是缺乏对合作伙伴的尽调监管。在办理 B 公司串通投标一案中，B

公司的投标模式系由同案犯 S 负责前期项目协调、找寻投标机会，B 公司按照 S 的要求支付陪标保证金，并负责项目中标后的具体承建。但该案案发是由于 S 联系其他单位陪标，B 公司未经甄别，亦未对 S 提出的项目做尽调问询，盲目根据 S 的指示安排公司员工参与围标活动，因而构成串通投标罪。如果缺少对合作伙伴的资格审查或尽调监管，仅凭借对对方公司或个人的盲目信任，极易导致单位犯罪的发生。

（2）开展自上而下的风险自查

如前所述，合规管理体系的建设需先对企业经营状况进行风险识别，风险识别的目的在于通过全面排查企业各部门、各业务单元、各业务流程中存在的刑事风险，以问卷调查、访谈调研等形式，从“存在的风险点、风险点原因剖析、整改措施、整改期限、整改责任人、督查人员”六个模块入手，围绕内部治理结构、规章制度、工作流程、人员管理等方面存在的问题，自下而上开展合规风险识别、自查、评估工作，并据此形成自查报告。以编者办理涉案合规整改过程中使用的合规风险清单为例：

表 2-1　公司风险排查表

业务部门	存在的风险点	风险点原因剖析	整改措施	整改期限
综合办公室	内部监督及控制程度弱	1. 未按照规定管理、使用发票,致使发票损毁,丢失 2. 预算支出管理不够规范，核定的项目经费支出存在随意性，计划和控制的严谨性不强。 3. 资产管理制度执行不严，资产调配、报废、闲置资产的管理不能精确到位。	1. 加强员工对公司规章制度的学习,并要求相关人员在工作过程中严格遵守这些规章制度。 2. 加强对本单位财产物资的监督和管理,杜绝各种漏洞的发生。	2023 年 6 月 30 日

2. 制定合规风险应对措施

要真正做到预防相似犯罪行为的发生，就需要针对分析出的犯罪成因及风险漏洞情况，有针对性地进行制度纠错或采取修复措施。比如根据前述案例审查出现的问题，可以从以下几个方面进行纠错和修复。

一是针对内部监督及控制程度弱的问题，建立招投标管理制度，以规章制度指引和规范投标活动；加强员工对公司规章制度的学习；加强对本单位财产物资的监督和管理。

二是针对业务行为缺乏监管，未设置完备的合规部门或专业能力较强的合规监管人员的问题，完善企业内部运行管理机制；成立公司合规化体系建设领导小组，并外聘法律顾问团队为公司员工定期开展合规培训及法律答疑；建立合规监督举报机制，鼓励员工作为岗位具体工作的“第一吹哨人”。

三是针对未将合规建设充分融入企业文化的问题，组织员工对招投标相关法律法规的学习，以本案作为警示教育典型案例进行贯宣；制定培训实施方案，定期组织开展劳动用工、安全生产、环保、财税、廉政等方面教育培训，做到学习培训常态化；要求管理人员认真学习企业合规相关规定及理论知识，开展合规制度考核。

3. 建立举报、调查机制

（1）举报机制

举报机制的建立，能发挥全体员工在合规风险管理建设中的积极作用，由员工作为各岗位具体工作的“吹哨人”，包括业务伙伴在开展合作的过程中也能有举报途径，及时发现各环节的违规行为，保障合规管理体系的有效运行。合规举报应确保全员能参与举报、举报途径畅通便捷，且应保障举报人在提供真实线索后不被打击报复、追究责任。

合规举报可以通过工作软件、书信、电话、当面投诉等方式进行，举报接收方可以是合规管理部门、各部门领导或单位其他管理层人员，但最终举报信息应当汇总至合规管理部门统一开展调查工作。公司应当为合规举报提供专门的举报渠道，比如在单位增设举报箱、公示举报平台电话、邮箱，并采取相应手段确保举报内容仅在具体处理人员范围内知晓，确保举报人信息不被泄露。

同时建立相应的奖惩措施，举报信息经查证属实的，应给予举报人奖励；恶意捏造举报事项、对举报人打击报复的，应对行为人作出相应惩处。公司应确保全体人员了解举报程序、了解自身的权利和保障机制。

案例一：N公司为实时监控企业遵守法律法规的情况，建立了合规举报系统，开通举报通道、放置举报信箱，确保董事、高管、员工以及外部代理和业务伙伴，对于违反相关法律法规或者企业合规政策和程序的行为进行公开或秘密举报，并对举报人作出严格保护。其中在与业务伙伴签订合同中加入了特别提示条款："贵我双方在合作过程中，如我公司业务人员有主动索取财物，或你方业务人员发现我公司员工有伙同他人及亲属合伙开办的公司，存在不公平竞争的。贵公司可随时向我公司举报以上行为，经查实后我公司承诺，一次性付清贵公司所有应付款项，无应付款项的公司或个人将另行奖励10000元，总公司董事会监督举报电话xxxxxxx、xxxxxxxxxxx。"

示例二：西门子公司在其官网的"公司信息—可持续发展—合规"分项中，规定了合规举报事宜如下：

（1）合规举报渠道

为了不辜负客户、业务伙伴、股东及员工对西门子的信任，业务流程的诚信和透明是公司首要的努力方向。因此，西门子鼓励大家将自己身边的违规行为反馈给我们，尤其是违反西门子《商业行为准则》的行为。为了获得有关违反合规的情况，我们为内部和外部各方提供了各种报告方式。合规举报渠道"Tell Us"、全球特派调查官和会计投诉都是受保护的渠道，西门子员工和外部利益相关者可以使用这些渠道（如果需要，可以匿名）提出可能存在的违规问题。

（2）合规举报平台

合规举报平台 Tell Us 是西门子为其内部员工、外部客户、供应商以及其他西门子业务合作伙伴提供的一个全球性举报平台，可以每周 7 天、每天 24 小时的不间断工作，并且支持网络或多达 13 种语言的电话举报。为了使所有相关人员可以在安全、保密的基础上随时举报身边违反西门子《商业行为准则》的情况，“Tell Us”举报平台的呼叫中心和网站均由专业从事敏感信息和安全保密处理的外部供应商运作，以确保每个问题都得以妥善处理。西门子内部举报人受到特别法规的保护，这些法规保护进行善意举报的举报人。请注意，许多国家 / 地区的法律禁止故意举报虚假信息。

（3）全球特派调查官

西门子全球特派调查官是针对不正当商业行为的投诉中心。如果西门子员工和第三方发现公司的商业行为不正确，则可以将特派调查官作为中立机构，在保密和匿名的基础上向他们求助。

为了建立与员工的安全通信路径，西门子聘请了“HEUKING·VON COELLN Rechtsanwälte”律师事务所的律师 Sibylle von Coelln 博士作为全球特派调查官。如果员工发现不正当的商业行为或发现在公司内部发生违反相关《商业行为准则》并交换信息的行为，可以随时匿名联系这位特派调查官，寻求帮助……①

（2）调查机制

公司调查机制的启动不局限于内部针对不合规行为的举报事项，也因

①西门子公司官方网站：公司信息—可持续发展—合规—合规举报渠道，https://www.siemens.com/cn/zh/company/sustainability/compliance/reporting-channels.html，最后访问时间：2023 年 8 月 6 日。

自查出了企业风险、司法机关或审计监管部门发现不合规行为、外部人员投诉、出现舆论宣传报道等可能给公司带来不利后果的情形下启动。ISO 37301 要求，调查过程应由无利益冲突的合规管理人员独立进行，虽未对调查过程进行详细规定，但结合实际情况在开展公司内部调查时应注意以下事项：

①不得采取违法违规手段获取相应材料。

②了解调查原因，尽可能全面收集与举报内容相关的证据材料。

③重视对调查内容的保密，不得随意泄露他人隐私信息。

④不能影响公司的正常经营秩序，尽可能采取一对一访谈、问询等形式。

⑤调查人员仅做客观收集，无权直接对举报对象作出认定结论。

⑥应对调查期限作出规定，调查终结后应及时撰写调查报告上报合规管理部门或公司管理层。

4. 建立合规绩效评价机制

企业在建成并运行合规管理体系的一段时间后，有必要对其符合性和实施效果进行验证。这种按照规定的原则、方式、程序和标准对合规管理体系及合规管理相关人员和工作进行检验和评价的过程，就是合规考核评价。[①] 而将合规考核评价与公司绩效考核相关联，能够更好地激励员工主动开展合规工作、严格遵守规章制度。但应注意内容、形式上要符合法律规定，公司决定使用绩效考核制度扣发员工的报酬，那么员工对该制度及考核管理标准就必须要有相应的知情权。绩效考核制度经过民主程序制定后，还需将该考核标准在公司公示，并且在核发绩效工资前要求员工签字确认。

①李素鹏、龙戎:《合规管理体系标准解读及建设指南》,北京:人民邮电出版社,2023 年第 2 版。

案例一：N 集团公司将合规管理绩效考核以季度为一个考核周期，分别在每年 3、6、9、12 月进行，确定了企业合规部各级责任人的绩效考核由企业合规部和人力资源部共同负责，企业合规部负责具体组织实施考核工作，对相关人员考核周期内的工作进行评价；人力资源部对考核过程及结果进行监督。该公司制定了合规管理绩效评价标准及程序。

一、合规管理绩效指标

（一）活动类指标

1. 经过有效培训的员工比例；2. 监管部门来访的频率；3. 反馈机制的使用；4. 对于每项不合规，采取何种类型的纠正措施。

（二）反应类型指标

1. 根据类型、区域和频率报告已识别的问题和不合规；2. 不合规的后果，包括对经济赔偿、罚款和其他处罚、补救成本、声誉或员工时间成本影响的估价；3. 报告和采取纠正措施所花费的时间。

（三）预测类指标

1. 一定时期的不合规的风险以目标的潜在损失 / 收益（收入、健康和安全、声誉等）测量；2. 不合规趋势（基于过去趋势预测合规率）。

二、收集合规管理绩效信息

收集与合规管理考核评价对象有关的合规管理绩效信息。

（一）合规绩效信息来源包括

1. 员工，如通过举报工具、热线电话、反馈、意见箱；2. 客户，如通过投诉处理系统；3. 供应商；4. 监管部门；5. 过程控制日志和活动记录（包括电子版和纸质版）。

（二）合规绩效信息的内容

1. 合规问题；2. 不合规和合规疑虑；3. 新出现的合规问题；4. 持续的监管和 / 或组织的变更；5. 对合规有效性和合规绩效的评论；6. 优秀合规实践案例。

（三）收集合规绩效信息的方法

1. 出现或确认不合规时的特别报告；2. 通过热线电话、投诉和其他反馈（包括举报）所收集的信息；3. 非正式讨论、研讨会和分组座谈会；4. 抽样和诚信实验，例如神秘购物；5. 感知调查的结果；6. 直接观察、正式访谈、工厂巡视和检查；7. 审核和评审；8. 利益相关方质询、培训需要和培训过程中的反馈（尤其是员工的反馈）。

三、合规管理绩效评价

（一）考核原则

100 分基础上减分 + 一票否决制。

（二）减分标准

1. 活动类指标 3 分 / 次；2. 反应类型指标 5 分 / 次；3. 预测类指标 5 分 / 次。

（三）一票否决制

确定合规绩效考核红线意识，已经出现如下行为，全额扣减。

1. 接受不正当利益，或者利用职权谋取私利的；2. 泄露企业商业秘密，损害企业合法权益的；3. 违反企业规章制度、工作程序或者办事规则，给企业造成重大损失的；4. 因用人失察、失误造成恶劣影响或者重大损失的；5. 对安全、质量、环保等重大及以上责任事故和重大群体事件负有领导、管理责任的；6. 触犯法律的；7. 廉政建设出现重大问题的；8. 法律法规规定的其他情况定。

四、考核评价报告

分析和评价后，企业合规部应及时编制合规考核评价报告。

考核评价报告应包括：考核依据，包括相关的合规义务、合规管理制度和流程、绩效指标等；考核主体；考核对象；考核期限；考核评价方法和流程；考核评价结果；揭示重大不合规和新出现的合规问题，提出应对整改建议；报告优秀的合规管理实践案例，提出激励措施建议。

（五）涉案企业合规文化建设的基本内容

《办案手册》中提及，我国合规计划中合规文化的有效建设可参考如下标准。

企业环境。合规文化是否成为影响企业实现合规计划预期效果的内部问题。一个设计良好的有效的合规计划应包含合规文化的内容。

企业领导。企业是否在各级建立、维护和促进企业文化。企业的领导机构、高级管理层、管理层应积极、公开、一致、持续践行企业的共同行为准则。高级管理层应鼓励合规行为，对有损合规的行为零容忍，投入充足的资源建立、发展、实施、评估、维持、提升健全的合规文化，具体可采取以下措施培育合规文化：①拥有一套明确、公开的价值观；②遵守相关规章制度；③建立惩戒制度和考核制度，无论职务高低，在处理不合规时一律平等；④以身作则；⑤对将要从事关键职务的人进行适当的职前评估（包括尽职调查）；⑥入职培训、定向培训将合规和企业价值观作为重要内容；⑦持续进行并不断更新合规训练；⑧持续就合规问题（包括企业文化、合规目标和合规义务等）进行开放的沟通；⑨企业上下公认合规管理及其成果；⑩通过深入员工、客户调查、权威报告、常规监测、定期审计、管理评审等将合规文化作为合规监测的重要内容。

企业员工。有效的合规文化建设在企业员工中的表现如下：①员工认为合规计划得到实施；②员工了解合规政策、合规义务；③员工认为纠正不合规是“自己的事”；④员工重视合规的好处、不合规的坏处及其在保证合规计划有效性中的主体责任；⑤员工能够并被鼓励向相关管理层（包括高级管理层和领导机构）反映合规问题；⑥员工通过培训确保有能力以符合企业合规文化和合规承诺的方式履行其工作职责。[1]

---

①最高人民检察院涉案企业合规研究指导组:《涉案企业合规办案手册》,北京:中国检察出版社,2002 年版。

除以上参考标准外，编者在实务中发现在合规整改过程中开展以下工作，有利于合规文化持续、有效地融入企业文化。

1. 合规领导组织架构、合规文化、岗位职责上墙

根据编者办理的四家公司的合规整改工作情况，检察机关及第三方监管机构对于悬挂合规标语、将管理机构及工作制度张贴上墙的工作均持肯定态度。将整改过程中制定的合规领导组织架构、岗位职责等制作成宣传板并张贴在工作区域、合规文化墙上，在营造良好的合规文化氛围的同时起到以下作用：一是将制定的合规管理体系及管理制度向全体员工公开；二是可以培养合规意识，时刻警醒各部门员工依规办事、各司其职；三是起到监督作用，鼓励员工发现并举报不合规行为。

2. 制定长期培训学习计划

合规培训的目的在于提高公司全体员工的合规意识，使得公司员工能够切实理解在工作过程中应当注意的风险点及应遵循的法律法规、单位规章，有助于企业合规文化氛围的营造，确保公司合规风险管理目标的有效实现。

合规培训的形式应多样化，将公司生产经营各方面需重点关注的问题融入培训内容，比如在N集团公司合规整改期间，该公司开展了各类次培训42场次，其中：召开合规专题会议6次，召开业务合规部门会议21次，开展合规专题培训4次，组织开展线上合规学习2次，开展供应商、代理商反商业贿赂培训2次，开展生产系统合规基础知识培训1次，开展新员工入职培训2次，开展安全教育培训2次，开展以大合规建设为内容的主题党日活动1次，培训覆盖率达95%以上。同时N集团公司在每一次培训后要求参训员工提交学习心得，针对企业重点环节、重点问题如反商业贿赂、安全生产、合规管理制度等建立线上题库，要求参训员工进行相应考核，并制定《合规文化宣传建设工作制度》《合规文化培训工作制度》《合规建设系列培训计划方案》，在企业内部形成长期有效的合规培

训机制。

3. 定期开展法律法规、管理制度的考核与问询

合规管理考核与问询应当针对不同考核主体作出相应区分，比如针对公司高级管理人员及合规管理部门人员，应作为重点考核、问询对象，时刻督促其动态掌握法律法规及合规管理事项，确认其具备合规管理意识。而对各业务部门员工的合规管理考核与问询，可以从其培训参会率、培训心得体会、对基础法律法规及规章的掌握情况、是否掌握公司举报通道等情况进行摸排，旨在督促员工认真参与培训，掌握基本的法律规范以及公司举报机制，鼓励员工懂得发现问题、懂得拒绝并举报违法违规行为。

二、涉案企业合规工作流程

合规工作流程实际与工作内容紧密联系，以编者参与的四家公司启动涉案企业合规整改工作的案件为例，企业合规工作流程分以下三个阶段：前期准备阶段，中期监管整改阶段、后期验收阶段。涉及的文书、相关制度包括但不限于《涉案企业合规申请书》《合规整改承诺书》《合规整改计划书》《自查报告》《合规整改方案》《合规岗位职责分工》《合规整改阶段性工作报告》《企业合规管理办法》《合规及廉洁自律承诺书》《员工合规行为准则》《员工手册》《合规调查与举报制度》《合规培训工作制度》《合规咨询管理制度》等。现对三个阶段工作流程做简要梳理。

（一）前期准备阶段

1. 涉案企业合规工作的启动

根据《关于建立涉案企业合规第三方监督评估机制的指导意见（试行）》（以下简称《指导意见》）及其实施细则（以下简称《实施细则》）的规定，现阶段涉案企业合规有三种启动方式。

（1）检察院依职权启动

涉案企业合规的主导部门是检察机关，检察院在办理涉企犯罪案件

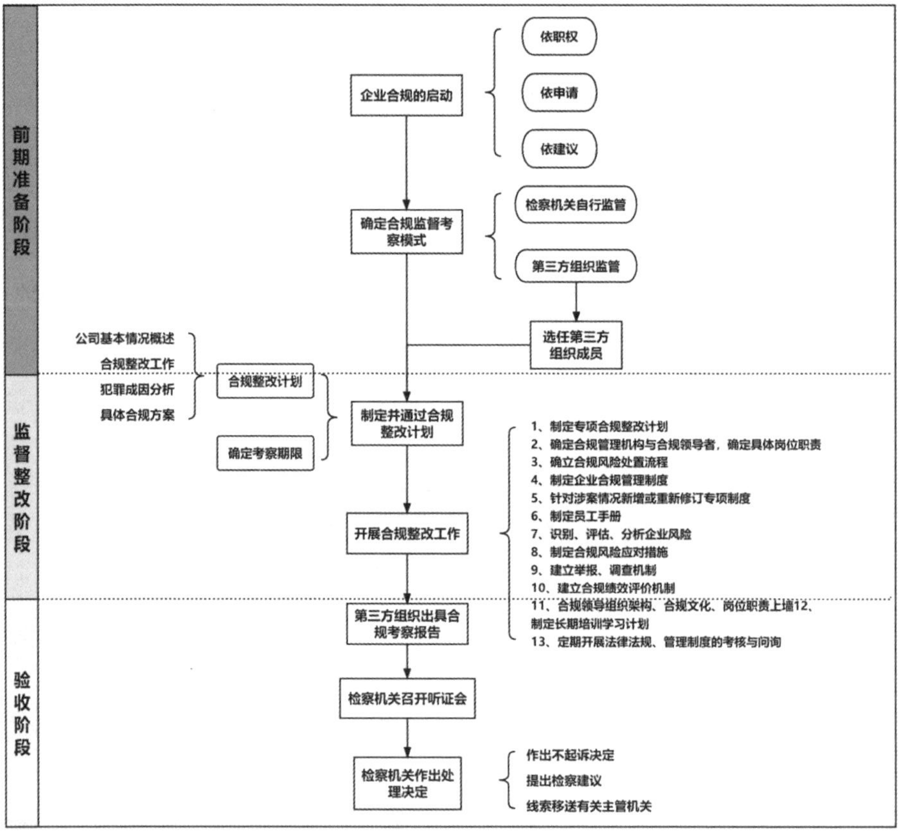

图 2–2　涉案企业合规启动流程

时，经审查认为符合企业合规试点和第三方机制的适用条件的，应当商请第三方机制管委会启动第三方机制，即启动涉案企业合规考察。

在实践中，通常由办案机关对符合适用条件的案件进行初审，逐级上报至省级人民检察院，经批准后决定启动涉案企业合规。

（2）办案机关建议启动

根据《实施细则》第十九条的规定，公安机关、纪检监察机关等办案机关也可以提出适用建议，由人民检察院审查是否符合适用条件，进而商请启动第三方机制。目前，除了公安机关，审判机关也在积极参与涉案企业合规中来，2023 年 3 月 23 日，在全国法院学习贯彻全国两会精神电视电话会议上，最高人民法院院长张军再次强调了企业合规建设的重要性。张军指出："可以研究同检察机关共同做好涉案企业合规改革，依法判处缓刑、免予刑事处罚的，充分利用当地已构建起的第三方合规监管机制，引导民营企业诚信守法经营，对违规违法行为坚决依法规制、纠正。"涉案企业合规整改，不能只靠检察机关的合规不起诉制度，法院在合规整改体系中的职责和地位亦是亟待讨论的重要议题。

3 月 28 日，张军院长率最高法调研组赴北京市海淀区人民法院调研时再次强调，商事、刑事涉企合规改革，不只是检察机关的事，法院也要参与发挥作用。

此后，人民法院报于 2023 年 4 月 9 日头版头条刊登《审判阶段涉企合规改革，湖北破冰》一文，记录了一公司移送审查起诉至法院后启动合规整改的过程。4 月 3 日下午，湖北高院、省检察院召开党组联席会议，推动构建审判阶段涉案企业合规改革工作机制，会议原则通过了两院《关于办理涉案企业合规案件的指导意见（试行）》（以下简称《意见》）。

5 月 4 日，珠海市人民检察院与市中级人民法院、市公安局、珠海海警局、拱北海关缉私局召开涉案企业合规改革工作推进会，并联签《关于在开展涉案企业合规工作中加强协作配合的意见（试行）》，在全省首推涉案企业合规在侦查、检察、审判环节全流程适用。

编者办理的 N 集团公司涉嫌非法采矿一案，同样是在该案审查起诉至法院后，检察机关认为本案可以适用涉案企业合规政策，层报至最高检批准、连同上级检察院和地方政府与人民法院沟通后，决定启动企业合规整改工作，目前，本案检察院已召开听证会及调研指导会议，决定通过合规整改，并提出了量刑建议。可见，全国多地已经展开了审判阶段甚至是二审阶段适用涉案企业合规的探索，随着企业合规工作的进一步推行，有望将该项利于营造良好营商环境的政策涵盖至刑事诉讼各阶段。

（3）涉案单位相关主体依申请启动

根据《指导意见》的规定，涉案企业、人员及其辩护人、诉讼代理人以及其他相关单位、人员均可以提出适用涉案企业合规的申请。相关人员提出申请的，检察机关应当受理并进行审查。从编者办理的七家公司企业合规申报审批通过情况来看，申请适用该项政策应提交的申请材料包括《涉案企业合规申请书》《合规整改承诺书》《合规整改计划书》，并且应向检察机关提交相关佐证材料，包括但不限于：

①公司存续情况及发展前景说明材料，如公司简介、总公司简介、隶属关系说明；公司经营状况、立项情况；纳税情况、依法纳税的申明；企业营业收入情况。

②人力资源相关说明材料，如在册职工人数；缴纳各项社保、公积金的情况；支付工资报酬的情况；劳动合同管理制度情况；涉案人员基本情况（公司职务、履职情况、个人荣誉、个人履行社会责任等）。

③企业成就，如获得荣誉、社会贡献情况；科研创新情况；履行社会责任情况。

④公司现有内控管理制度。

⑤证实无其他犯罪行为的材料，如信用中国的公共信用信息报告，政府采购信用评价报告。

2. 企业合规监督考察模式的选择

如本章第二节所述，涉案企业合规监督考察模式存在检察机关自行监管与第三方监督评估机制两种模式。

（1）检察机关自行监督

针对无需适用第三方机制的小微企业的企业合规，可以由检察院提出检察建议自行监管，实行简式合规，对其提交的合规计划和整改报告进行审查，检察院对小微企业提交合规计划和整改报告的审查，重点包括合规承诺的履行、合规计划的执行、合规整改的实效等内容。解释合规的整改验收步骤大致包括：①查阅卷宗，了解案涉情况及犯罪成因；②围绕风险点发出检察建议；③涉案企业开展相应整改，进行合规体系、制度、文化建设；④召开听证会公开验收。

（2）第三方监督评估组织监管

人民检察院在办理涉企犯罪案件时，对符合企业合规改革试点适用条件的，交由第三方监督评估机制管理委员会（以下简称第三方机制管委会）选任组成的第三方监督评估组织（以下简称第三方组织），对涉案企业的合规承诺进行调查、评估、监督和考察。考察结果作为人民检察院依法处理案件的重要参考。

第三方组织成员由第三方机制管委会针对个案涉案情况及公司类型，从专业人员名录库中分类随机抽取人员组成，并向社会公示，具有依法成立、中立性和临时性的特征，在完成该项涉案企业监督评估工作后，由第三方机制管委会宣告第三方组织解散。

第三方组织对涉案企业专项合规整改计划和相关合规管理体系有效性的评估，重点包括：①对涉案合规风险的有效识别、控制；②对违规违法行为的及时处置；③合规管理机构或者管理人员的合理配置；④合规管理制度机制建立以及人力物力的充分保障；⑤监测、举报、调查、处理机制及合规绩效评价机制的正常运行；⑥持续整改机制和合规文化已经基本形成。

（二）监管整改阶段

1. 制定并通过合规整改计划

企业合规整改计划如前所述，分为公司基本情况概述、合规整改工作、犯罪成因分析、具体合规方案四大模块，第三方组织应当对涉案企业合规计划的可行性、有效性与全面性进行审查，提出修改完善的意见建议，涉案企业应根据第三方组织提出的修改建议进行相应完善。

2. 确定合规考察期限

第三方组织应当根据案件具体情况和涉案企业承诺履行合规计划的期限，合理确定合规考察期限。通常考察期为三至六个月。

3. 开展合规整改工作

在合规考察期内，涉案企业根据所提交的合规计划与第三方组织提出的修改意见或完善建议，对自身内部存在的合规风险进行整改。

在考察期内，第三方组织可以定期或不定期对涉案企业合规计划履行情况进行监督和评估，可以要求涉案企业定期书面报告合规计划的执行情况。对发现企业执行计划中出现的问题，进行指导并提出纠正意见。

4. 巡回监管

第三方机制管委会办公室牵头组建巡回检查小组，邀请人大代表、政协委员、人民监督员、退休法官、退休检察官以及会计、审计、法律、合规等相关领域的专家学者担任巡回检查小组成员，对试点地方第三方机制管委会和相关第三方组织及其组成人员的履职情况开展不预先告知的现场抽查和跟踪监督。巡回检查小组一方面可以动态监督评估涉案企业整改情况，一方面可以监督评估第三方监管人的工作情况。

（三）验收阶段

1. 第三方组织进行合规验收并出具合规考察报告

合规考察期满后，第三方监督组织对涉案企业合规计划完成情况进行全面检查、评估和考核，并制作刑事合规监督考察报告后分别报送检察机关和第三方机制管委会。

合规考察报告一般包括：①涉案企业及基本案情；②第三方组织及考察方案和考察指标；③涉案企业合规计划及承诺；④涉案企业履行合规承诺、落实合规计划情况；⑤监督考察的程序、方法和依据；⑥监督评估结论。除考察报告外，还会后附相应附件材料，如第三方组织的工作台账等资料，以及涉案企业合规整改形成的资料汇编，最终由第三方组织成员签名并下发。

2. 召开听证会

检察机关根据涉案企业合规整改情况，拟作不起诉、不逮捕或变更强制措施的，可以根据《人民检察院审查案件听证工作规定》召开听证会，听证会参加人除听证员外，可以包括案件当事人及其法定代理人、诉讼代理人、辩护人、第三人、相关办案人员、证人和鉴定人以及其他相关人员，并可邀请第三方机制管委或第三方组织人员到会发表意见。听证会应在考察期届满前召开，讨论主题在于研究涉案企业合规建设能否通过验收，根据《人民检察院审查案件听证工作规定》相关内容，听证会的召开程序包含以下几项：

(1) 听证员的选择

人民检察院可以邀请与案件没有利害关系并同时具备下列条件的社会人士作为听证员：

①年满二十三周岁的中国公民；

②拥护中华人民共和国宪法和法律；

③遵纪守法、品行良好、公道正派；

④具有正常履行职责的身体条件。

有下列情形之一的，不得担任听证员：

①受过刑事处罚的；

②被开除公职的；

③被吊销律师、公证员执业证书的；

④其他有严重违法违纪行为，可能影响司法公正的。

参加听证会的听证员一般为三至七人，人民检察院可以邀请人民监督员参加听证会，依照有关规定接受人民监督员监督。

(2) 涉案企业合规听证会的一般流程

听证前准备，人民检察院可以根据案件办理需要，召开听证会。人民检察院决定召开听证会的，应当做好以下准备工作：

①制定听证方案，确定听证会参加人；

②在听证三日前告知听证会参加人案由、听证时间和地点；

③告知当事人主持听证会的检察官及听证员的姓名、身份；

④公开听证的，发布听证会公告。

听证员确定后，人民检察院应当向听证员介绍案件情况、需要听证的问题和相关法律规定。

听证会一般按照下列步骤进行：

①承办案件的检察官介绍案件情况和需要听证的问题；

②当事人及其他参加人就需要听证的问题分别说明情况；

③听证员向当事人或者其他参加人提问；

④主持人宣布休会，听证员就听证事项进行讨论；

⑤主持人宣布复会，根据案件情况，可以由听证员或者听证员代表发表意见；

⑥当事人发表最后陈述意见；

⑦主持人对听证会进行总结。

（3）涉案企业负责人进行汇报

听证会中，公司应对合规整改工作开展情况作总结汇报，认真剖析犯罪成因及整改落实效果，包括公司管理层及员工的合规意识培养、合规文化氛围营造等，尽量通过 ppt、视频等可视化方式，简明扼要地向参会人员介绍合规整改成果。

3. 检察机关作出处理决定

在综合考虑整改效果与法律政策适用必然性的情况下，检察机关可以作出如下处理决定：

①检察机关发现涉案企业在预防违法犯罪方面制度不健全、不落实，管理不完善，存在违法犯罪隐患，需要及时消除的，可以结合合规材料，

向涉案企业提出检察建议。

②检察机关对涉案企业作出不起诉决定，认为需要给予行政处罚、处分或者没收其违法所得的，应当结合合规材料，依法向有关主管机关提出检察意见。

③检察机关通过第三方机制，发现涉案企业或其人员存在其他违法违规情形的，应当依法将案件线索移送有关主管机关、公安机关或者纪检监察机关处理。

第三章　企业刑事合规典型案例分析

宁夏某公司、某集团、A 某等涉嫌非法采矿、单位行贿案

一、案件基本情况

（一）宁夏某公司、A 某等人涉嫌非法采矿案

2017 年 10 月至 2020 年 12 月，宁夏某公司未按采矿许可证规定的矿种开采矿产资源，检察机关经审查认定：宁夏某公司及实际控制人 A 某伙同他人违反矿产资源法的规定，未取得采矿许可证擅自开采硅石，情节特别严重，应当以非法采矿罪追究刑事责任。

（二）宁夏某集团、A 某等人涉嫌单位行贿案

检察机关审查认定：宁夏某集团、A 某为谋取不正当利益，给予国家工作人员财物，情节严重，应当以单位行贿罪追究其刑事责任。

二、企业合规整改工作

审查起诉期间，宁夏某公司、宁夏某集团分别提出涉案企业刑事合规申请，并提交了企业基本情况、生产经营情况、纳税及缴纳社保情况、履行社会责任的相关材料。检察机关层报宁夏回族自治区人民检察院审批同意后，启动企业合规整改。

2023 年 3 月 30 日，经检察机关商请，宁夏某区涉案企业合规第三方

监督评估机构管理委员会办公室启动对宁夏某公司非法采矿案、宁夏某集团单位行贿案第三方评估机制工作。第三方评估机制专家组名单公示期满后，涉案两家企业合规工作于 2023 年 4 月 3 日正式启动，合规考察期为三个月。

（一）宁夏某公司非法采矿案合规整改工作

涉案企业合规工作开展后，宁夏某公司向第三方组织提交了《刑事合规计划书》（以下简称《合规计划》）和《承诺书》，从对违法犯罪行为的认知、企业合规建设、推进步骤和完成时间四个方面进行了犯罪原因剖析和整改计划，并提出三个建立（即：违法违规专项查摆分析及合规制度体系建立、有效合规运行机制建立、合规保障机制建立）、五个阶段（即：制度建立阶段、运行机制建立阶段、保障建立阶段、考核验收阶段、整改复查阶段）的整改方案，提出了以下合规计划。

1. 搭建制度：建立完善合规管理体系

该公司的合规建设在合规管理制度体系中，根据涉案情况，增加了矿山风险管控制度、矿山修复计划、生态环境损害赔偿磋商机制和建立绿色、协调可持续发展机制。

2. 搭建合规管理组织架构，配置专门合规人员，构建有效的合规管理组织体系

由合规主任、合规总监、合规专员组成合规部，成为公司合规体系建设最高管理机构，统筹公司各级合规性经营活动。

3. 落实制度，优化合规管理的运行和保障体系

从组织人员保障、资源保障、合规培训、文化宣传保障、高层行动支持等方面，落实及保障合规管理的运行，使合规管理不仅停留在纸面合规、文字合规，更要使合规管理真正为生产经营保驾护航。

4. 针对合规漏洞和薄弱环节的专项整改

其一，制定矿山修复治理计划并组织实施。治理主要采取削坡降坡、

培土护坡、弃渣压实、采坑回填、封堵矿硐、土地平整等工程措施，恢复矿区原有地形地貌或与周边环境相协调。通过覆土绿化使土地资源恢复其利用价值，恢复土地资源的功能，实现当地经济的可持续发展。

其二，退缴全部矿产资源损失。

其三，积极与政府相关部门磋商，赔偿矿山生态环境损失。该公司与自然资源局磋商一致后，达成了《生态环境损害赔偿协议》，赔偿生态损害费用全部支付到办案单位指定账户。

5. 完成涉案区域生态环境修复治理、并验收合格

其一，该公司积极完成了涉案区域的矿山修复治理及覆土施工，完成了《复垦方案》要求的播撒面积绿化任务，并继续按照《复垦方案》的要求进行修复治理后的养护工作。

其二，由自然资源局组织相关专家和项目参建单位对恢复治理工程进行验收，验收组专家认为，项目完成了《复垦方案》设计的矿山地质环境治理与土地复垦工程，工程质量合格，符合验收要求。

最终，经过第三方考察小组考察，认为宁夏某公司在考察期间，严格按照《合规计划》和《承诺书》完成了全部合规专项整改和大合规建设，效果明显，达到了合规整改的目的，经第三方组织成员共同考核评定，同意通过涉案企业的合规整改。

（二）宁夏某集团单位行贿案合规整改工作

1. 搭建合规管理组织架构，配置专门合规人员，构建科学有效的合规管理机构体系

在公司主体业务架构下设立的合规管理领导机构。以合规工作领导小组为依托，设置企业合规部、合规督察长、合规总监、各部门合规专员，成为公司合规体系建设最高管理机构，统筹公司各级合规性经营活动。

2. 搭建制度，建立完善合规制度体系

该公司在内部建立了完善、有效的合规管理制度体系，专设合规法律法规指引、合规管理组织建设、合规体系管理制度，并将原有公司规章制度细化为组织机构管理、专业系统管理、企业文化管理三类。

公司根据此次涉案情况，将反商业贿赂、风险防范、风险处置应对、合作伙伴合规管理等具体规定纳入合规管理进行专项治理，尤其是在商业贿赂制度，从人事、尽职调查、利益冲突、合同管理、招投标、外部法律顾问、准确记录七个方面建立健全商业贿赂防范机制以及反不正当竞争机制。

3. 落实制度，优化合规管理的运行和保障体系

该公司从合规人员保障、资源保障、合规培训、文化宣传保障、高层行动支持等方面，落实及保障合规管理的运行，使合规管理不仅停留在纸面合规、文字合规，更要使合规管理真正为生产经营保驾护航。

4. 针对合规漏洞和薄弱环节的专项整改

（1）强化资金管理，补全制度条款缺陷

针对财务制度上存在的这些漏洞，公司完善了《现金管理工作制度》，又专门新订了《非经营性支出管理工作制度》，除对日常现金的支取、库存现金作出规定外，对非经营性支出设置了禁止条款。同时，公司还下发了《关于印发〈非经营性支出管理工作制度〉的通知》，从管理制度上有效堵住了财务管理方面存在的合规漏洞。

（2）完善财务审批流程，补强财务审批方面的薄弱环节

合规整改开始后，公司合规管理部梳理出财务、供应、销售合同等审批流程环节所存在的风险点，在财务资金支出管理审批程序中，设置了借款或支付的审批流程，借款必须注明详细用途，要求董事长及高级管理人员借款不得由其他人代办审批，审批环节增加合规部审核环节，审批额度增加了同一部门发生非经营性支出单笔金额超过 10 万元或多笔累计金额超过 30 万元的，还需通过董事会审批。

（3）高层管理人员作出合规承诺

合规管理中最为核心的是对重点人员的管理，以党委书记、副董事长为首的高层管理者率先做出合规承诺，签订了合规承诺书，为职工讲解基本的合规知识，带头讲解合规案例，剖析涉案原因，率先遵守合规政策和程序，为企业合规提供强有力的支持和承诺。

最终，经过第三方考察小组考察，认为宁夏某集团在考察期间，严格按照《合规计划》和《承诺书》完成了全部合规专项整改和大合规建设，效果明显，达到了合规整改的目的，经第三方组织成员共同考核评定，同意通过涉案企业的合规整改。

三、企业合规整改结果

检察机关针对宁夏某公司、宁夏某集团、A 某涉嫌非法采矿、单位行贿案，组织召开合规听证会，与会听证人员一致同意对宁夏某公司、宁夏某集团免予刑事处罚。最终，检察机关提出了对宁夏某公司、宁夏某集团免予刑事处罚的量刑建议。

宁夏某建设工程有限公司串通投标案

一、案件基本情况

宁夏某建设工程有限公司系具有公路工程、环保工程等多领域专业整包资质的工程建设公司，现有员工 80 余人。2019 年，宁夏回族自治区公共资源交易网发布 A 项目招标公告，宁夏某建设工程有限公司实际控制人得知招标信息后，遂安排员工具体负责招标事项并联系公司陪标，陪标公司收取陪标费后，将该公司垫付的保证金转回指定账户，中标金额 2400 余万元。宁夏某区人民检察院审查后认为，宁夏某建设工程有限公司及该公司法定代表人的行为触犯《中华人民共和国刑法》第二百二十三条的规定，构成串通投标罪。

二、企业合规整改工作

案发后，涉案公司负责人联系律师团队，了解涉案企业合规整改相关事宜，深刻认识到合规发展是公司经营的优先价值，为了有效防止再次发生相同或类似的违法犯罪行为，向检察机关提出涉案企业刑事合规整改申请，检察机关委托银川市工商联开展企业合规工作。

涉案公司根据前期向检察机关提交的《合规整改计划书》《刑事合规整改方案》制定了合规计划表，并且随着合规整改的推进以及检察机关和第三方监管小组提出的建议，逐步在计划表中增添整改项目、明确具体工作周期，最终细分为 3 个阶段、10 个模块、31 项具体事项开展整改工作，并在每阶段结束后向工商联、检察机关、第三方监管小组作书面汇报。

（一）涉案企业针对合规工作采取的措施

1. 建立合规管理组织架构，成立合规化体系建设领导小组

召开集团总经理会议，统一思想认识，明确合规整改工作的重要意义和合规工作目标；任命合规办公室负责人、合规专员，明确各岗位人员职责，并制定详细的合规工作整改方案。

2. 完善合规管理制度建设

根据专项合规要求，涉案企业制定《企业合规管理办法》《招投标管理办法》《员工合规行为准则》《员工手册》《合规举报机制》作为公司长期施行的制度，并将上述制定、完善的制度交由法律顾问团队多次修正，逐步完善。

3. 各部门开展风险自查

结合公司组织架构及实际经营情况，制定并向各部门下发《风险排查清单》，要求经营、工程、采购、预算、财务、综合办公室六大部室对各

自所管辖范围内工作进行专项风险排查和梳理，对各岗位人员职责履行情况进行全方位的风险排查，并对排查出的风险制定对应整改措施。

4. 开展合规培训

每月开展不少于一次的学习培训，培训内容包括合规整改工作要求、串通投标罪的实务适用、商业贿赂的几种常见形式、学习招投标管理办法、学习员工手册行为准则等，并在培训结束后以问询、试卷形式对应开展合规考核。通过培训，牢固树立员工对于企业合规文化建设意识，树立风险意识和大局意识，确保企业合规经营、合规发展、合规开展相应业务。

5. 营造合规文化氛围

依照合规整改要求，公司组织有效的合规管理制度、有效的合规运行机制、合规的管理保障制度，公司新增合规文化宣传墙，将合规性办公室职责、合规领导小组组织结构图、合规管理体系结构图、风险处置流程制作并张贴上墙。

（二）检察机关及第三方监管小组对涉案企业合规考察情况

启动合规整改前，检察机关前往涉案公司进行实地考察，参观了公司办公区域并考察合规办公室建设，初步同意启动为期三个月的合规整改，待第三方监督机构组建完成后宣布合规启动，并由第三方进驻企业。

2023 年 6 月 2 日，银川市工商联组织召开涉案企业合规第三方机制管委会案件三方联席会，确定第三方监管小组成员，6 月 9 日开展企业合规工作，第三方组织成员正式进驻企业，为合规期工作开展做前期沟通，并对公司初步合规计划提出了监管意见。

6 月 21 日、7 月 28 日、9 月 1 日，检察机关及第三方监管小组前往公司听取各阶段合规工作汇报，针对汇报内容提出整改建议。

8 月 10 日，检察机关及第三方监管小组前往在建项目施工工地，实地考察公司是否仍在有效经营，是否具备合规整改价值。

最后经第三方监管小组监督考察后认为，涉案公司及负责人在制定合规计划后，严格依照计划内容及检察机关及第三方提出的建议开展合规整改，建立了有效的合规管理部门、合规管理制度，并达到弥补制度上缺陷的效果。经调查，该企业在案发后，也未发现涉案企业其他违法犯罪及经营异常行为，涉案企业完成了企业合规计划，通过此次合规整改。

三、企业合规整改结果

检察机关认为，涉案企业及实际控制人虽实施了《中华人民共和国刑法》第二百二十三条规定的行为，但鉴于具有自首情节，自愿认罪认罚，且已通过企业合规考察，根据《中华人民共和国刑法》第三十七条的规定，决定对其不起诉。

宁夏某医用科技有限公司串通投标案

一、案件基本情况

2020 年 1 月份，宁夏某医用科技有限公司在某医院设备采购项目一标段的投标过程中，为提高中标概率，该公司法定代表人联系两家公司使用其资质陪标，后宁夏某医用科技有限公司中标某医院设备采购项目，中标金额 600 余万元。检察机关审查后认为，宁夏某医用科技有限公司及该公司法定代表人的行为触犯《中华人民共和国刑法》第二百二十三条的规定，构成串通投标罪。

二、企业合规整改工作

审查起诉期间，涉案企业向检察机关提出刑事合规整改申请，检察机关按照企业合规案件办理程序备案登记后，经层报审批，同意对涉案企业进行企业合规考察。2023 年 5 月 31 日，检察机关就发现的涉案企业内部存在管理制度不健全、业务行为缺乏监管、合规经营意识淡薄，未将合规建设充分融入企业文化等问题向涉案企业制发检察建议，要求涉案企业采取有效措施推进企业合规工作。涉案企业在律师团队的指导下开展合规整改工作，并于 2023 年 7 月 30 日将涉案企业阶段性合规整改情况作了书面反馈。

（一）涉案企业针对合规工作采取的措施

1. 成立合规部，配置合规专员，明确岗位职责

涉案企业在提交《涉案企业合规整改计划书》后，主动开展合规改革，召开企业合规部组建会议，在律师指导下就企业合规办公室组建、人事、工作安排等方面进行部署，下发《成立公司合规化体系建设领导小组的通知》，确定合规小组组织架构。

2. 开展经营风险自查、评估工作

涉案企业从内部监管、人力资源管理、招投标过程、运输业务、信息系统五方面开展经营风险自查工作。排查出企业存在的五方面问题。一是内部监督及控制程度较弱。公司未建立招投标管理制度，未严格按照规定管理使用发票，以及资产管理制度不够严格问题，二是业务行为缺乏监管，未设置完备的合规部门或专业性较强的合规监管人员，导致公司出现法律风险。三是合规经营意识淡薄，未将合规建设充分融入企业文化，主要体现在劳动人员的档案、合同续签等方面。四是在物流配送过程中，可能发生运输人员、车辆安全问题。五是使用仓储系统录入信息不准确、不及时导致出单错误问题。

3. 制度完善情况

涉案企业制定了《合规管理制度》，确立合规部及各部门负责人具体岗位职责，明确规定合规部分工方式、合规风险的识别与评估、合规咨询与合规审查、合规培训、监督检查与监控等，制定了《公司招投标管理制度》，根据自查过程中发现的问题，完善《工作制度及岗位职责汇编》

《员工手册》，重点对公司财务流程进行调整，并将上述制定、完善的制度交由法律顾问团队多次修正，逐步完善。

4. 合规文化建设情况

涉案企业在新承接项目前，组织员工学习相关规范，在周例会上加入法律法规等内容的学习，在办公区域制定合规部组织人员框架图，将各部门岗位职责悬挂上墙，在公司会议室、库房区域悬挂合规宣传横幅，在图书角增设合规专栏，同时组织开展法律专题培训，对公司员工开展合规行为培训与测试，鼓励员工及时发现工作中的合规漏洞。

（二）检察机关适用简式合规对涉案企业合规考察情况

2023 年 6 月 20 日，检察机关在未事前告知的情况下到宁夏某医用科技有限公司，现场了解、查看涉案企业在检察建议书发出后的合规整改情况，检察人员就涉案企业成立的合规部及其岗位设置、合规人员的任命等文件和资料进行查看，审查其组织架构设置的合理性，明确性，针对合规部门人员，就其岗位职责、在企业合规经营中的作用发挥等进行了座谈，了解合规部在企业日常经营中的实际运行及作用发挥情况。与该公司主要负责人员进行座谈，了解合规过程中的主要做法和困难等。

2022 年 7 月 25 日，针对涉案企业在前期自查中存在的问题，检察机关查看了该企业的招投标制度、财务管理等内控机制制定、完善情况。对涉案企业销售、财务、合规专员等关键岗位人员进行访谈，进一步明确关键岗位人员对犯罪成因的认识，以及合规整改以来合规制度执行、落实情况。对公司已经开展的合规培训及现场了解到的周例会上学习相关业务规范的会议记录，企业负责人及关键岗位人员是否参与培训等资料进行了查看。

2023 年 8 月 21 日，检察机关向地方市场监督管理局、税务局调取了该企业在案发后是否存在行政违法、纳税情况及涉税违法等情形，向企业负责人了解案发后企业经营、业务开展情况，就企业合规建设、整改以及取得实际效果情况等以问卷调查、试卷测试方式了解。

最后，经检察机关监督考察后认为，涉案公司及其负责人在实施合规计划后，建立合规部门，明确各部门职责，制定修订企业的管理制度、财务制度等，达到弥补制度上缺陷的效果。注重企业合规文化建设，加强了对员工的日常培训和专业化培训。经调查，该企业在案发后，也未发现涉案企业其他违法犯罪及经营异常行为，涉案企业完成了企业合规计划，通过此次合规整改。

三、企业合规整改结果

经检察机关认为，犯罪嫌疑人自动投案，如实供述罪行，系自首，根据《中华人民共和国刑法》第六十七条第一款的规定，可以从轻或者减轻处罚。涉案单位实际控制人自愿认罪认罚，根据《中华人民共和国刑事诉讼法》第十五条的规定，可以依法从宽处理。涉案企业启动企业合规整改后，其实际控制人积极采取措施推进合规整改工作，达到合规整改预定目标，能够通过合规整改，认罪悔罪态度良好，犯罪情节轻微。依据《中华人民共和国刑事诉讼法》第一百七十七条第二款的规定，决定对涉案单位及其实际控制人不起诉。

随州市 Z 公司康某某等人重大责任事故案①

一、基本案情

湖北省随州市 Z 有限公司（以下简称 Z 公司）系当地重点引进的外资在华食品加工企业，康某某、周某某、朱某某分别系该公司行政总监、安

①最高检发布第二批企业合规典型案例。

环部责任人、行政部负责人。

2020 年 4 月 15 日，Z 公司与随州市高新区某保洁经营部法定代表人曹某某签订污水沟清理协议，将食品厂洗衣房至污水站下水道、污水沟内垃圾、污泥的清理工作交由曹某某承包。2020 年 4 月 23 日，曹某某与其同事刘某某违规进入未将盖板挖开的污水沟内作业时，有硫化氢等有毒气体溢出，导致二人与前来救助的吴某某先后中毒身亡。随州市政府事故调查组经调查后认定该事故为一起生产安全责任事故。曹某某作为清污工程的承包方，不具备有限空间作业的安全生产条件，在未为作业人员配备应急救援装备及物资，未对作业人员进行安全培训的情况下，违规从事污水沟清淤作业，导致事故发生，对事故负有直接责任。康某某、周某某、朱某某作为 Z 公司分管和负责安全生产的责任人，在与曹某某签订合同以及曹某某实施清污工程期间把关不严，未认真履行相关工作职责，未及时发现事故隐患，导致发生较大生产安全事故。案发后，康某某、周某某、朱某某先后被公安机关采取取保候审措施，Z 公司分别对曹某某等三人的家属进行赔偿，取得了谅解。2021 年 1 月 22 日，随州市公安局曾都区分局以康某某、周某某、朱某某涉嫌重大责任事故罪移送随州市曾都区检察院审查起诉。

二、企业合规整改情况及效果

一是审查启动企业合规考察。曾都区检察院经审查认为，康某某等人涉嫌重大责任事故罪，属于企业人员在生产经营履职过程中的过失犯罪，同时反映出涉案企业存在安全生产管理制度不健全、操作规程执行不到位等问题。事故报告认定被害人曹某某对事故负有直接责任，结合三名犯罪嫌疑人的相应管理职责，应当属于次要责任。三人认罪认罚，有自首情节，依法可以从宽、减轻处罚。Z 公司系外资在华企业，是当地引进的重点企业，每年依法纳税，并解决 2500 余人的就业问题，对当地经济助力很大。且Z公司所属集团正在积极准备上市，如果公司管理人员被判刑，对公司发展将造成较大影响。2021年5月，检察机关征询Z公司意见后，Z公司提交了开展企业合规的申请书、书面合规承诺以及企业经营状况、纳税就业、社会贡献度等证明材料，检察机关经审查对Z公司作出合规考察决定。

二是精心组织第三方监督评估。检察机关委托当地应急管理局、市场监督管理局、工商联等第三方监督评估机制管委会成员单位以及安全生产协会，共同组成了第三方监督评估组织。第三方组织指导涉案企业结合事故调查报告和整改要求，按照合规管理体系的标准格式制定、完善合规计划；建立以法定代表人为负责人、企业部门全覆盖的合规组织架构；健全企业经营管理需接受合规审查和评估的审查监督、风险预警机制；完善安全生产管理制度和定期检查排查机制，从制度上预防安全事故再发生，初步形成安全生产领域“合规模板”。Z公司在合规监管过程中积极整改并向第三方组织书面汇报合规计划实施情况。2021年8月，第三方组织对Z公司合规整改及合规建设情况进行评估，并报第三方机制管委会审核，Z公司通过企业合规考察。

三是公开听证依法作出不起诉决定。检察机关在收到评估报告和审核意见后组织召开公开听证会，邀请省人大代表、省政协委员、人民监督员、公安机关和行政监管部门代表、工商联代表以及第三方组织代表参加听证，参会人员一致同意检察机关对康某某等三人作不起诉处理。2021年8月24日，检察机关依法对康某某、周某某、朱某某作出不起诉决定。

Z公司通过开展合规建设，逐步建立完备的生产经营、安全防范、合规内控的管理体系，企业管理人员和员工的安全生产意识和责任感明显增强，生产效益得到进一步提升。

三、典型意义

第一，检察机关积极稳妥在涉企危害生产安全犯罪案件中适用企业合规，推动当地企业强化安全生产意识。检察机关为遏制本地生产安全事故多发频发势头，保护人民群众生命财产安全，教育警示相关企业建立健全安全生产管理制度，积极稳妥选择在安全生产领域开展企业合规改革试点。涉企危害生产安全犯罪具有不同于涉企经济犯罪、职务犯罪的特点，检察机关需要更加深入细致开展社会调查，对涉企危害生产安全犯罪的社会危害性以及合规整改的必要性、可行性进行全面评估，确保涉案企业“真整改”“真合规”，切实防止“边整改”“边违规”。

第二，检察机关在企业合规试点中注意“因罪施救”“因案明规”。在合规整改期间，检察机关针对危害生产安全犯罪的特点，建议第三方组织对企业合规整改情况定期或不定期进行检查，确保企业合规整改措施落实落细。同时，第三方组织还根据检察机关建议，要求企业定期组织安全生产全面排查和专项检查，组织作业人员学习生产安全操作规程，加强施工承包方安全资质审查，配备生产作业防护设备，聘请专家对企业人员进行专项安全教育培训并考试考核。涉案企业通过合规整改，提高了安全生产隐患排查和事故防范能力，有效防止再次发生危害生产安全违法行为。

第三，检察机关积极适用第三方机制，确保监督评估的专业性。本案中，检察机关紧密结合涉企危害生产安全犯罪特点，有针对性加强与第三方机制管委会沟通协调，由安全生产领域相关行政执法机关、行业协会人员组成第三方组织，应急管理部门相关人员担任牵头人，提升监督评估专业性。第三方组织围绕本案中造成生产安全责任事故的重要因素，如未认真核验承包方作业人员劳动防护用品、应急救援物资配备等情况，未及时发现承包方劳动防护用品配备不到位等问题，指导涉案企业及其相关人员结合履行合规计划，认真落实安全生产职责，细致排查消除安全生产隐患，确保合规整改取得实效。

安徽 C 公司、蔡某某等人滥伐林木、非法占用农用地案①

一、基本案情

安徽 C 矿业有限公司（以下简称“C 公司”）系外商独资企业，注册成立于 2010 年 4 月，隶属于外资企业 J 控股集团。蔡某某系 C 公司法定代表人、总经理，熊某、刘某某系副总经理，方某某系生产技术部主管。

C 公司因拓宽采矿区的生产经营需要，向有关部门申请林木采伐和道路扩建。2020 年 8 月 14 日，经安徽省林业局审核，同意 C 公司扩建工程项目使用村集体林地 16 公顷。2021 年 2 月 2 日，芜湖市繁昌区自然资源和规划局根据 C 公司申报，批准该公司在其申请的四至范围内采伐。但 C 公司在采伐和修路过程中，均未在上述规定的范围内进行。

2021 年 2 月，在申领到林木采伐许可证后，经蔡某某同意，由熊某具体负责，安排员工对已征收的山林地实施林木砍伐。砍伐过程中，发生超审批许可砍伐林木情况。经鉴定，C 公司超审批砍伐林木蓄积量 49.2236 立方米。2021 年 4 月，C 公司因扩建项目修建道路，刘某某分管此项工作，方某某具体负责。但在修路过程中，超出了申请范围。2021 年 7 月 13 日，芜湖市自然资源和规划局繁昌分局鉴于 C 公司存在未经批准擅自改变林地用途和滥伐林木行为，向其下发立即停止违法行为的通知。2021 年 8 月，刘某某擅自向方某某下达复工指令，至同年 11 月工期

①最高检发布第四批涉案企业合规典型案例。

结束。经鉴定，C 公司未经审批占用林地面积 91.056 亩，均为用材林。

2021 年 11 月 20 日，芜湖市公安局繁昌分局对 C 公司以滥伐林木、非法占用农用地罪，对蔡某某、熊某以滥伐林木罪，对刘某某、方某某以非法占用农用地罪立案侦查，并对四人采取了取保候审的强制措施，繁昌区检察院应繁昌公安分局邀请派员介入侦查引导取证。

案发后，C 公司表示愿意就违法行为造成的环境损害进行磋商和修复，并以缴纳保证金的方式保障治理费用，充分弥补损失；涉案人员到案后，如实供述犯罪事实、自愿认罪认罚，主动提出合规整改意愿。2022 年 3 月 11 日，繁昌公安分局将该案移送繁昌区检察院审查起诉，繁昌区检察院经层报省检察院同意后于 2022 年 5 月启动合规考察程序，经过两个月的考察，2022 年 7 月，第三方组织评估 C 公司合规整改合格后，繁昌区检察院依法对 C 公司及涉案人员作出不起诉决定。

二、企业合规整改情况及效果

一是坚持一体化办案，审慎启动涉案企业合规程序。案发后，繁昌区检察院介入侦查引导取证，了解案件情况，并及时与公益诉讼部门对接，组成工作专班，做到刑事案件办理与公益诉讼办理同步。在移送审查起诉后，工作专班第一时间赴涉案企业和案发矿区现场调查取证，并及时向市检察院和区委汇报案情。经市检察院批准，市、区两级检察机关抽调办案骨干成立联合办案组，推动涉案企业合规整改。经查，C 公司成立以来，为当地提供 300 余个就业岗位和创业机会，近两年的年纳税额超 6000 万元，关联下游企业年纳税额 3 亿余元。同时，该企业主动承担当地 350 户村民自来水费，积极参与抗洪抢险、疫情防控等公益活动。案发后，涉案企业主动委托第三方机构制订植被恢复治理实施方案，投入专项经费 460 余万元用于生态恢复治理，以弥补犯罪行为造成的环境损害，企业还明确表示愿意缴纳保证金保障后续治理费用。检察机关综合考虑涉案企业的案发原因、合规整改意愿、社会贡献度、发展前景以及案发点受损林地恢复治理情况，再层报安徽省检察院同意后，决定启动涉案企业合规考察。

二是依托“府检联动”，有效凝聚合规整改合力。为争取支持、凝聚共识、形成合力，芜湖市检察院依托“府检联动”工作机制，在该案办理基础上，推动出台《芜湖市涉案企业合规第三方监督评估机制的实施意见》。繁昌区检察院与区行业主管部门就该案所涉违法行为、生态恢复治理要求等具体事项反复磋商沟通，召开府检专题座谈会 3 次。同时检察机关邀请来自繁昌区生态环境分局、区自然资源和规划分局的 2 名特邀检察官助理加入办案组，不仅提出有针对性的意见建议，还协助开展勘验、鉴定、调取证据材料等工作，为该案办理提供专业化支持。

三是专注缺陷补救，切实增强涉案企业全员法律意识。C 公司虽持有采伐许可证和规划许可证，但超量采伐，且未经批准擅自改变林地用途，造成环境资源损害，暴露出 C 公司在环保绿色生产、安全生产承诺及合规管理方面法律意识淡薄。为此，C 公司的上级集团公司任命专人担任合规建设领导小组组长到 C 公司担任合规办公室主任，在对 C 公司生产经营活动及制度执行履行决策权和监督权的同时，推动企业合规和“边开采边治理”理念向整个集团辐射，积极打造和申报“省级绿色矿山”。C 公司在合规建设阶段，邀请了自然资源和规划部门、律师等专业人员就森林法及其实施细则等开展了法律培训，编制了员工行为手册，并通过考试的方式巩固员工学习成果；同时，在用林用地、动土动工等重大事项上建立了分级管理制度，树立全体员工的合规意识、红线意识。

四是聚焦生态修复，推动合规整改走深走实。根据该案特点，检察机关邀请环保、林业、土地方面的专家学者，建立专业化的第三方组织。第三方组织先后 4 次现场查验，研判问题不足、提出针对性解决意见，并推动 C 公司在原定实施方案基础上，增加铺种草皮 42000 平方米，以“挂网喷播”技术恢复植被 30000 平方米，恢复治理费用由计划投入 192 万元增至实际支出460余万元，生态恢复治理力度得到大幅提升。在合规整改评估验收通过后，检察机关召开公开听证会，就合规考察工作充分听取意见建议。会议邀请行业代表、律师、人民监督员等5名听证员，同时邀请人大代表、政协委员及侦查机关、主管部门代表等10余人旁听。经评议，参与听证各方对C公司合规建设成效给予肯定，并一致同意检察机关对涉案企业和涉案人员拟不起诉的意见。

三、典型意义

一是注重理念指引，积极探索对多罪名涉案企业开展合规考察。本案涉案企业涉嫌2个罪名、涉案自然人较多，芜湖市、区两级检察机关强化上下联动，结合涉案企业合规案件适用条件，对该案探索开展环保合规，并推动相关机制的建立。办案机关考虑到涉案企业虽涉嫌两个罪名，但两罪之间具有密切关联，鉴于犯罪成因、企业生产经营状况、法益修复情况等因素，可以对涉案企业开展合规考察。检察机关在办案过程中，还将涉案企业合规与少捕慎诉慎押刑事司法政策、认罪认罚从宽制度有机结合，在确保合规整改时效性的前提下确定合适的考察期限。同时办案机关积极依托“府检联动”机制，有效形成企业合规整改合力，督促涉案企业履行合规承诺的同时，帮助企业尽快恢复正常生产经营秩序。

二是发挥主导责任，扎实推进合规进程。该案移送检察机关审查起诉之初，涉案企业虽有强烈的合规整改意愿，但因生态治理难度大、投入高，案发地的恢复治理工作迟迟未能跟进。检察机关严格把握企业合规适用条件，在督促涉案企业对损害后果采取必要的补救挽损措施后，才正式启动合规程序，并在合规建设期间，多次邀请第三方组织现场核查合规计划的执行落实情况。同时，切实做好企业合规“后半篇文章”，通过上级集团公司直接派遣合规团队介入，督促涉案企业建立用林用地风险防控体系及处理机制，推动出台《合规管理制度》等规章制度，帮助涉案企业和员工树立合规意识，筑牢绿色可持续发展理念。

三是延伸监督职能，实现行业合规治理。企业合规的最终目的是让企业“活下来”“留得住”“经营得好”。繁昌区检察院在依法对C公司和蔡某某等涉案人员作出不起诉决定后，充分总结该案暴露的行业治理问题，向行业主管部门制发检察建议，推动“个案合规”向“行业合规”延伸。行业主管部门根据检察机关的建议，在深入辖区内企业开展专项检查的基础上，召开全区矿山开采行业专题会议，通报C公司案件情况，要求各相关企业完善配套机制，强化制度执行，并对发现的问题限期整改。检察机关通过C公司环保合规案件的办理，推动行业治理，较好地实现了政治效果、法律效果和社会效果的有机统一。

广西陆川县23家矿山企业非法采矿案①

一、基本案情

广西壮族自治区陆川县Y公司等23家涉案矿山企业系开采销售建筑用花岗岩、高岭土等持证矿山企业（全县当时有持证矿山企业36家）。23家涉案矿山企业共有员工2000余人，年度纳税总额6000多万元。

2019年至2020年期间，Y公司等23家涉案矿山企业在各自矿区内超深度或超范围越界开采建筑用花岗岩、高岭土等原矿，涉案价值人民币21.69万元至1447.68万元不等。2021年5月，陆川县公安局对该23家矿山企业以涉嫌非法采矿罪立案侦查，陆川县检察院派员提前介入引导侦查。2021年8月开始，陆川县公安局陆续将该系列案件移送陆川县检察院审查起诉。案发后，涉案矿山企业陆续主动退缴违法所得、缴纳罚金，

①最高检发布第三批企业合规典型案例。

相关责任人也主动投案、认罪认罚、主动提出合规意愿。2021 年 10 月，陆川县检察院对 Y 公司等第一批 6 家涉案矿山企业启动合规工作，经第三方组织对 6 家涉案矿山企业合规整改情况进行评估合格后，依法对 Y 公司等 2 家矿山企业及其责任人、L 石场等 4 家矿山企业责任人作出不起诉决定。

2022 年 1 月，陆川县检察院对 D 公司等 17 家涉案矿山企业陆续启动合规工作，截至 2022 年 5 月底，已有 3 家涉案企业通过第三方组织考察评估合格，拟对相关企业和责任人作不起诉处理。尚有 14 家涉案企业因配合全县“半边山”整治进度正在进行整改中，由于有的涉案企业涉案金额较大，且因客观原因不能及时完成全部回填、复绿等环境修复义务，待合规考察结束后，将依据考察结果和案件具体情节依法作出处理决定。截至 2021 年 12 月，陆川县检察院依法对 2 家涉案企业和 6 名犯罪嫌疑人作出不起诉决定，其余案件正在参照已结案件的模式有序办理中。

二、企业合规整改情况及效果

一是综合审查，积极稳妥在非法采矿案件中适用企业合规。陆川县检察院经调查发现，全县持证矿山企业大部分于十多年前批准设立，由于当时生产技术条件、工艺和管理要求等历史原因，矿区设置普遍不科学、不合理，如矿区范围小，划界不合理，矿区大多设置在半山腰、半边山等，且涉案企业多为小型企业，内部管理制度普遍不完善，员工法律意识淡薄。如果就案办案对众多的涉案企业及相关人员予以追诉，将对全县矿产行业、地方经济造成严重影响，也直接影响 2000 余人就业。2021 年 10 月，陆川县检察院经综合研判，并层报上级检察院同意后，决定探索对非法采矿系列案适用企业合规。

二是依托“四化”模式，深入推进涉案企业合规改革。陆川县检察院主动向当地党委、政府汇报案件办理过程中遇到的问题和困难，积极争取支持，并促成县政府牵头成立县矿山企业合规工作领导小组，协调各相关单位协同开展工作，实现企业合规工作推进“系统化”。通过矿山行业风险大排查，梳理矿山企业存在的高发易发风险点，解决矿山行业普遍性问题，推动矿山治理“行业化”。由检察长牵头、抽调刑事检察、公益诉讼检察和行政检察部门业务骨干组成工作专班，集中办理涉企业合规案件，确保办案团队“专业化”。利用检察大数据赋能企业合规，检察大数据同步接入全县矿山视频监控系统及部分行政机关执法数据系统，及时掌握矿山企业整改情况，并对合规计划确定、整改情况评估、拟作处理决定等关键环节举行公开听证，力求办案过程“透明化”。

三是建立以第三方组织为主，其他部门配合的监督考察机制。以第三方监督评估机制管理委员会选任的地质、安监、测绘等专业人员组成的第三方组织为主，相关行政机关参与，共同对全县矿山企业进行风险大排查。根据排查出的非法占用林地、环境污染、超载、爆破、安全用电、高陡边坡、职业病防治等 8 大类 38 项风险点，为矿山企业量身制定了《矿山行业企业合规管理计划编制提纲》。第三方组织实地考察企业合规整改情况时，办案检察官、行政机关代表共同参与。第三方组织形成考察评估报告后，检察机关向相关行政机关书面征求意见，并邀请派员参加听证会。

四是企业合规与公益诉讼、检察建议同步开展，促进行业全面合规。案发后，陆川县检察院提前介入引导侦查，了解案件情况，针对办案中发现的突出问题，通过公益诉讼诉前磋商督促林业部门对 7 家非法占用林地的矿山企业进行查处；通过发送检察建议督促卫生健康部门对 1 家企业不按要求申报职业病预防情况落实监管职责，确保企业合规整改的刚性。2021 年 12 月，第一批 6 家涉案矿山企业合规考察期限届满，经第三方组织评估，认为 6 家涉案矿山企业均已逐步建立完备的生产经营、安全防范、合规内控的管理体系，完成了回填、复绿等环境修复义务。陆川县检察院举行公开听证会，参与听证各方一致同意检察机关对相关企业和人员作不起诉的意见。2021 年 12 月 31 日，陆川县检察院依法对 Y 公司等 2 家涉案矿山企业及其责任人、L 石场等 4 家涉案矿山企业责任人作出不起诉决定。通过企业合规整改、公益诉讼和检察建议方式，督促相关行政部门履行监管职责和涉案企业进行合规整改，有力推动了全县矿山行业全面合规、守法经营。

五是构建良好合规文化，推动采矿行业转型升级。陆川县检察院联合县自然资源局等部门，组织全县 30 多家持证矿山企业召开警示教育会，以案说法，激发当地矿山行业开展合规建设的积极性。针对矿山企业矿区范围设置不科学、不合理，容易造成安全隐患等问题，以矿山企业合规整改为契机，督促县自然资源局等部门对原有不科学、不合理并具备整治条件的矿山采取予以注销，通过科学规划、踏勘，重新划定矿区范围，整治“半边山”采石场，优化矿山开发布局，推动采矿行业转型升级。涉案企业通过扎实开展合规整改，提升了相关软硬件设施，其中 5 家企业完成绿色矿山验收，2 家企业年经营收入达 2000 万元以上。

三、典型意义

一是依法能动履职，服务保障地方采矿行业高质量发展。检察机关办理非法采矿犯罪案件，应当充分考量犯罪事实和情节、案发原因背景、对当地经济社会的影响等因素，准确把握法律政策界限和开展企业合规范围条件，既要有力打击犯罪挽回国家损失，也要充分考虑司法办案对就业、税收、行业发展的影响，努力实现办案政治效果、社会效果与法律效果的有机统一。

二是创新工作方式，强化对第三方组织的履职监督。该系列案中，各涉案企业的情况不一，合规建设内容专业性强，矿山企业在生产经营中动态变化多。为实现检察机关对第三方组织的履职有效性监督，陆川县检察院通过对涉案矿山企业合规整改前后的情况以无人机拍摄进行 3D 建模，立体展现整改成效，作为评估第三方组织履职情况及涉案企业合规整改情况的客观依据。通过县矿山企业合规工作领导小组协调，检察机关对接全县矿山视频监控系统以及部分行政机关行政执法数据库，实时掌握涉案矿山企业动态，积极应用大数据法律监督工具，强化对第三方组织履职监督，确保合规考察成效。

三是刑事检察与公益诉讼检察业务实质性融合，提升检察工作质效。一方面，检察机关要牢牢把握职责定位，推动“四大检察”协同发力，建立健全检察机关各内设机构办案协作机制。另一方面，在办理破坏环境资源保护类犯罪案件中，检察机关在提前介入阶段即可开展公益诉讼诉前磋商，针对案件反映的突出问题制发行政检察建议，以公益诉讼检察监督企业合规整改落实情况，加大公共利益司法保护力度。

四是启动行业合规，推动检察机关落实诉源治理责任。陆川县检察院结合当地矿山行业经济发展特点，会同主管部门研究针对行业顽瘴痼疾的整治措施，以系列案推动行业治理，助力矿山行业领域形成合规建设的法治氛围。通过矿山“行业合规”建设，当地政府加快推进“半边山”矿山整治工作。企业合规在优化当地矿山企业布局、督促矿山转型升级、促进经济有序发展等方面起到积极促进作用，实现“办理一类案件、规范一个行业”的良好效果。

上海J公司、朱某某假冒注册商标案[①]

一、基本案情

上海市J智能电器有限公司（以下简称“J公司”）注册成立于2016

①最高检发布第二批企业合规典型案例。

年1月，注册地位于浙江省嘉兴市秀洲区，公司以生产智能家居电器为主，拥有专利数百件，有效注册商标3件，近年来先后被评定为浙江省科技型中小企业、国家高新技术企业。公司有员工2000余人，年纳税总额1亿余元，被不起诉人朱某某系该公司股东及实际控制人。

2018年8月，上海T智能科技有限公司（以下简称“T公司”）与J公司洽谈委托代加工事宜，约定由J公司为T公司代为加工智能垃圾桶，后因试产样品未达质量标准，且无法按时交货等原因，双方于2018年12月终止合作。为了挽回前期投资损失，2018年12月至2019年11月，朱某某在未获得商标权利人T公司许可的情况下，组织公司员工生产假冒T公司注册商标的智能垃圾桶、垃圾盒，并对外销售获利，涉案金额达560万余元。2020年9月11日，朱某某主动投案后被取保候审。案发后，J公司认罪认罚，赔偿权利人700万元并取得谅解。2020年12月14日，上海市公安局浦东分局以犯罪嫌疑单位J公司、犯罪嫌疑人朱某某涉嫌假冒注册商标罪移送浦东新区检察院审查起诉。

二、企业合规整改情况及效果

一是认真审查，对符合适用条件的企业开展合规试点。浦东新区检察院经审查认为，J公司是一家高新技术企业，但公司管理层及员工法律意识淡薄，尤其对涉及商业秘密、专利权、商标权等民事侵权及刑事犯罪认识淡薄，在合同审核、财务审批、采购销售等环节均存在管理不善问题。鉴于J公司具有良好发展前景，犯罪嫌疑人朱某某有自首情节，并认罪认罚赔偿了T公司的损失，且该公司有合规建设意愿，具备启动第三方机制的基本条件，考虑其注册地、生产经营地和犯罪地分离的情况，有必要启动跨区域合规考察。

二是三级联动，开启跨区域合规第三方机制“绿色通道”。2021年4月，浦东新区检察院根据沪浙苏皖四地检察院联合制定的《长三角区域检察协作工作办法》，向上海市检察院申请启动长三角跨区域协作机制，委托企业所在地的浙江省嘉兴市检察院、秀洲区检察院协助开展企业合规社会调查及第三方监督考察。两地检察机关签订《第三方监督评估委托函》，明确委托事项及各方职责，确立了“委托方发起”“受托方协助”“第三方执行”的合规考察异地协作模式，由秀洲区检察院根据最高检等九部门联合下发的《关于建立涉案企业合规第三方监督评估机制的指导意见（试行)》成立第三方监督评估组织。随后，秀洲区检察院成立了由律师、区市场监督管理局、区科技局熟悉知识产权工作的专业人员组成的第三方监督评估组织，并邀请人大代表、政协委员对涉案企业同步开展监督考察。

三是有的放矢，确保合规计划“治标更治本”。浦东新区检察院结合办案中发现的经营管理不善情况，向J公司制发《合规风险告知书》，从合规风险排查、合规制度建设、合规运行体系及合规文化养成等方面提出整改建议，引导J公司作出合规承诺。第三方组织结合风险告知内容指导企业制定合规计划，明确合规计划的政策性和程序性规定，从责任分配、培训方案到奖惩制度，确保合规计划的针对性和实效性。同时，督促企业对合规计划涉及的组织体系、政策体系、程序体系和风险防控体系等主题进行分解，保证计划的可行性和有效性。J公司制定了包括制定合规章程、健全基层党组织、建立合规组织体系、制定知识产权专项合规政策体系、打造合规程序体系、提升企业合规意识等方面的递进式合规计划，并严格按照时间表扎实推进。

四是找准定位，动态衔接实现异地监管“客观有效”。监督考察期间，第三方组织通过问询谈话、走访调查，深入了解案件背景，帮助企业梳理合规、风控方面的管理漏洞，督促制定专项整改措施。根据第三方组织建议，J公司成立合规工作领导小组，修改公司章程，强化管理职责，先后制定知识产权管理、合同审批、保密管理、员工培训、风险控制等多项合规专项制度，设立合规专岗，实行管理、销售分离，建立合规举报途径，连续开展刑事合规、民事合规及知识产权保护专项培训，外聘合规专业团队定期对企业进行法律风险全面体检，并且每半个月提交一次阶段性书面报告。第三方组织通过书面审查、实地走访、听取汇报等形式，对合规阶段性成效进行监督检查。同时，浦东新区检察院为确保异地合规监管的有效性，制作了《企业合规监督考察反馈意见表》，实时动态跟进监督评估进度，对第三方组织成员组成、合规计划执行、企业定期书面报告、申诉控告处理等提出意见建议。

五是充分评估，确保监督考察及处理结果“公平公正”。考察期限届满，第三方组织评估认为，经过合规管理，J公司提升合规意识，完善组织架构，设立合规专岗，开展专项检查，建立制度指引，强化流程管理，健全风控机制，加强学习培训，完成了从合规组织体系建立到合规政策制定，从合规程序完善到合规文化建设等一系列整改，评定J公司合规整改合格。浦东新区检察院联合嘉兴市检察院、秀洲区检察院通过听取汇报、现场验收、公开评议等方式对监督考察结果的客观性充分论证。2021年9月10日，浦东新区检察院邀请人民监督员、侦查机关、异地检察机关代表等进行公开听证。经评议，参与听证各方一致同意对涉案企业及个人作出不起诉决定。

三、典型意义

一是积极探索，为企业合规异地适用第三方机制开拓实践思路。针对涉案企业注册地、生产经营地和犯罪地分离的情况，上海、浙江检察机关依托长三角区域检察协作平台，通过个案办理探索建立企业合规异地协作工作机制，确立了“委托方发起”“受托方协助”“第三方执行”的合规考察异地协作模式，合力破解异地社会调查、监督考察、行刑衔接等难题，降低司法办案成本，提升办案质效，为推动区域行业现代化治理提供了实践样本。

二是有序推进，切实防止社会调查“一托了之”。本案中，检察机关采取层层递进的工作方式，确保社会调查重点明确、调查结果全面客观。其一，事前细化调查提纲。重点围绕涉案企业社会贡献度、企业发展前景、社会综合评价等开展协助调查，一并考察企业家的一贯表现，确保社会调查结果全面客观。其二，事中加强沟通协调。浦东新区检察院多次赴浙江会商，就调查方式、调查内容及相关要求达成共识，形成办案合力。秀洲区检察院协调区市场监管、人社、税务、科技、工商联及行业协会，对涉案公司及个人开展全面调查。其三，事后进行专项研讨。检察机关深入审查全部协查材料，研究认为涉案企业符合企业合规改革试点适用条件，并层报上级机关审核备案。

三是完善机制，提升监督评估实际效果。本案中，秀洲区检察院联合当地 13 个部门出台规范性文件，探索构建企业合规“双组六机制”工作模式。“双组”，即检察机关牵头成立“合规监管考察组”和“合规指导组”两个工作组；“六机制”，即联席会议、合规培育、提前介入、会商通报、指导帮扶、审查监管等六个协作机制。合规考察中，由合规监管考察组和合规指导组共同研究形成专业意见，并邀请人大代表、政协委员全程参与，提高监管考察的透明度和公信力。

四是标本兼治，有效防治企业违法犯罪。从司法实践看，涉企经济犯罪成因复杂，许多涉及经济社会系统性、深层次矛盾问题，单靠刑事法律的“孤军作战”，难以取得良好的社会治理效果。本案中，检察机关开展企业合规改革以推动源头治理为着力点，针对办案发现的企业经营管理中的突出问题，通过第三方监督评估机制对涉案企业开展扎实有效的合规整改，促进企业依法合规经营发展，对于完善制度机制、形成治理合力具有积极意义。

张家港S公司、睢某某销售假冒注册商标的商品案①

一、基本案情

张家港市S五交化贸易有限公司（以下简称S公司）2015年6月注册成立，注册资本200万元，在职员工3人，睢某某系该公司法定代表人、实际控制人。

2018年11月22日，张家港市市场监督管理局在对S公司进行检查时，发现该公司疑似销售假冒“SKF”商标的轴承，并在其门店及仓库内查获标注“SKF”商标的各种型号轴承27829个，金额共计68万余元。2018年12月17日，张家港市市场监督管理局将该案移送至张家港市公安局。2019年2月14日，斯凯孚（中国）有限公司出具书面的鉴别报告，认为所查获的标有“SKF”商标的轴承产品均为侵犯该公司注册商标专用权的产品。2019年2月15日，张家港市公安局对本案立案侦查。

二、企业合规整改情况及效果

一是应公安机关邀请介入侦查。2021年5月初，张家港市检察院应张家港市公安局邀请，派员介入听取案件情况。梳理在案证据，本案侦查工作的主要情况如下：第一，睢某某辩称涉案的轴承部分是从山东威海一旧货调剂市场打包购买，部分是从广州H公司、上海J公司购买，认为自己购进的都应该是正品。第二，公安机关经与广州H公司、上海J公司核实，上海J公司系授权的一级代理商，主要经营SKF等品牌轴承。广州H公司从上海J公司进购SKF轴承后进行销售，曾3次通过上海J公司直接

①最高检发布第二批企业合规典型案例。

发货给 S 公司，共计 54 万元。同时，公安机关对山东威海的旧货调剂市场进行了现场调查，发现该市场确实是二手交易市场，无法追溯货品源头。第三，斯凯孚（中国）有限公司出具书面鉴别报告时，未对查获的轴承及包装的真伪进行现场勘查，仅根据清点明细材料出具了鉴别说明和比对示例，且不愿再重新鉴定。此外，该案立案距今超过两年，已属“挂案”状态。

二是及时启动社会调查。检察机关向 S 公司、睢某某告知企业合规相关政策后，该公司分别向检察机关、公安机关递交了《提请开展刑事合规监督考察的申请书》。随后承办检察官走访企业和市场监督管理局、税务局等行政部门，实地查看公司经营现状、指导填写合规承诺、撰写调查报告。走访调查了解到，该公司系已实际经营六年的小微民营企业，因涉嫌犯罪被立案，一定程度上影响经营，资金周转困难，公司面临危机。该公司规章制度不健全，内部管理不完善，尤其是企业采购程序不规范，对供货商资质和货品来源审查不严，单据留存不全，还曾因接受虚开的增值税发票被税务机关行政处罚。检察机关经综合考虑，鉴于 S 公司有整改行为和较强的合规愿望，认为可以开展企业合规监督考察。

三是深入会商达成共识。检察机关认为，该案证明 S 公司及睢某某犯罪故意的证据不确实、不充分，公安机关也难以再查明轴承及包装的来源是否合法，案件久拖不决已处于“挂案”状态，亟待清理。检察机关与公安机关共同分析了相关情况，并就该案下一步处理进行会商，双方就企业合规、“挂案”清理工作达成共识。公安机关明确表示，如该公司通过企业合规监督考察时还没有新的证据进展，将作出撤案处理。

四是扎实推进合规考察。经向上级检察机关请示并向张家港市企业合规监管委员会报告后，张家港市检察院联合公安机关对 S 公司启动合规监督考察程序，确定 6 个月的整改考察期。同时，张家港市企业合规监管委员会根据第三方监督评估机制，从第三方监管人员库中随机抽取组建监督评估小组，跟踪S公司整改、评估合规计划落实情况。按照合规计划，S公司梳理企业风险点，制定《财务管理合规建设制度》《发票制发流程》《货物销售采购流程》等内部制度，并形成规范的公司合同模板。在税务方面，公司从以往直接与代账会计单线联系，转变为与会计所在单位签订合同，对财务人员应尽责任、单位管理职责进行书面约定。在知识产权方面，公司明确渠道商应提供品牌授权证明并备案，每笔发货都注明产品明细，做到采购来路明晰、底数清晰。合规整改期间，检察机关会同第三方监督评估小组，每月通过座谈会议、电话联系、查阅资料、实地检查等方式，特别是通过“不打招呼”的随机方式，检查企业合规建设情况。同时，检察机关还向公安机关通报企业合规建设进展情况，邀请参与合规检查，并认真吸收公安机关对合规制度完善提出的意见。2021年8月5日，鉴于该公司员工数少、业务单一、合规建设相对简易的情况，第三方监督评估小组提出缩短合规监督考察期限的建议。检察机关听取市场监督管理部门、税务部门意见后，决定将合规监督考察期限缩短至3个月。2021年8月16日至18日，第三方监督评估小组对该公司合规有效性进行评估，出具了合规建设合格有效的评估报告。

五是参考考察结果作出处理。2021年8月20日，张家港市检察院组织公开听证，综合考虑企业合规整改效果，就是否建议公安机关撤销案件听取意见，听证与会人员一致同意检察机关制发相关检察建议。当日，检察机关向公安机关发出检察建议，公安机关根据检察建议及时作出撤案处理，并移送市场监督管理部门作行政处罚。检察机关两个月后回访发现，S公司各项经营已步入正轨，因为合规建设，两家大型企业看中S公司合规资质与其建立了长期合作关系，业务预期翻几番，发展势头强劲。

三、典型意义

一是对尚未进入检察环节的涉企“挂案”进行排查，采取与企业合规改革试点结合等方式能动清理。检察机关推进涉企“挂案”清理过程中，除依托统一业务应用系统中排除相关数据外，还可以通过控告申诉、日常走访、服务企业平台等了解“挂案”线索。对尚未进入检察环节的案件，可采取介入侦查的形式，积极与公安机关开展个案会商。通过听取案件情况、审查在案证据、实地走访调查等工作，与公安机关共同分析是否属于“挂案”、“挂案”原因、“挂案”影响以及侦查取证方向、可行性等因素，分类施策、妥善处理。对符合合规监督考察条件的案件，积极引导涉案企业开展合规整改，促进涉企“挂案”清理，最大限度降低“挂案”对企业生产经营的影响。

二是严格把握企业合规监督考察条件、标准和工作程序，规范清理涉企“挂案”。通过企业合规促进“挂案”清理，在具体操作中应该重点把握三点：一是要通过走访调查，深入了解犯罪嫌疑人认罪悔罪态度、企业经营状况、社会贡献、合规意愿以及违法犯罪既往历史等情况，评估涉案企业是否符合开展合规监督考察的条件。二是要加强对外沟通，向公安机关讲清企业合规政策和涉企“挂案”清理意义，争取理解和支持。三是要依托第三方监督评估机制，客观公正地跟踪指导企业合规建设、评估合规有效性，以第三方监督评估结论为主要依据，听取行政机关以及公开听证等多方意见，做到“阳光”清理、规范清理。本案中，检察机关按照申请、调查、会商、考察等程序，规范推进企业合规，同时引入第三方组织对企业合规建设进行全程监督，值得肯定。

三是与公安机关等有关部门积极配合，多措并举合力护航民营经济健康发展。为加强民营经济平等保护，2020 年 10 月以来，最高检与公安部联合部署开展涉民营企业刑事诉讼“挂案”专项清理工作。全国检察机关、公安机关强化协作、多措并举，一大批“挂案”得到有效清理，该撤案的及时撤案，该继续侦办的尽快突破，以实际行动服务“六稳”“六保”大局，受到社会各界的广泛好评。同时，检察机关正在深入开展涉案企业合规改革试点，落实少捕慎诉慎押刑事司法政策，依法保护涉案企业和企业家人身和财产合法权益，向涉案企业提出整改意见，督促涉案企业作出合规承诺并积极整改。在日常“挂案”清理工作中，检察机关要针对涉案企业暴露出的经营管理、法律风险方面的突出问题，自觉开展企业合规工作，积极适用第三方监督评估机制，会同公安机关等有关部门综合运用经济、行政、刑事等手段，既促进涉案企业合规守法经营，也警示潜在缺乏规制约束的企业遵纪守法发展，逐步建立长效机制，实现精准监督。

北京李某某等9人保险诈骗案①

一、基本案情

北京A汽车销售服务有限公司和B汽车销售服务有限公司（以下简称A公司、B公司）均系C集团下属企业，两家公司法定代表人系同一人，组织架构、管理模式相同，经营场所相邻。

李某甲、李某乙、曹某、孙某甲、崔某某、张某甲分别系A公司保险理赔经理、服务总监、保险理赔顾问、车间主任、维修技师，张某乙为B公司保险理赔顾问，李某丙、孙某乙系被保险车辆的车主。

A公司、B公司与多家保险公司有合作关系，保险公司派驻在两家公司的人员负责销售保险、事故车辆定损以及保险理赔等工作，A公司、B公司的保险理赔顾问负责售后协助顾客对接保险公司。李某甲等人为了维系客户、提高业绩，自2019年开始，与到店维修车辆的多名顾客共谋，通过伪造事故现场、故意制造碰撞事故等方式编造出险事由，或者以其他车辆事故定损照片冒充实际发生事故车辆照片夸大损失，骗取保险理赔

①最高检发布第四批涉案企业合规典型案例。

款。2019 年至 2021 年，李某甲等人共实施 14 起保险诈骗行为，骗保金额共计 41 万余元。案发后，A 公司、B 公司代涉案员工向相关保险公司赔偿了经济损失，保险公司对相关涉案人员予以谅解。

2022 年 4 月，北京市公安局顺义分局以李某甲等 9 人涉嫌保险诈骗罪向顺义区检察院移送审查起诉。2022 年 5 月，检察机关综合考虑该案的社会危害性、认罪认罚情况，依法对李某甲提起公诉，对李某乙、曹某、孙某甲、李某丙、孙某乙等 5 人作出不起诉决定。同年 6 月，检察机关对 A 公司、B 公司启动为期 3 个月的涉案企业合规整改考察。同年 9 月，根据企业合规进展情况，法院采纳了检察机关对李某甲从宽处罚的量刑建议，判处李某甲有期徒刑二年六个月，并处罚金 3 万元。同年 10 月，合规考察结束后，检察机关综合犯罪事实、企业合规整改情况和认罪认罚从宽制度适用情况，对张某甲、张某乙、崔某某等 3 人作出不起诉决定。

二、企业合规整改情况及效果

一是明确犯罪主体，为后续开展企业合规找准切入点。本案是发生在汽车维修服务领域的保险诈骗案件，主要涉案人员为汽车维修服务企业员工，诈骗所得基本由保险公司转入企业账户，因此本案是自然人犯罪还是单位犯罪需要进一步核实。检察机关从两方面着手开展工作，一方面引导公安机关调取企业法定代表人、其他非涉案员工的证言以及车辆维修审核单据等，查明本案行为是否出于单位意志；另一方面积极自行补充侦查，前往 A 公司、B 公司开展调查工作。经调查，A 公司、B 公司的负责人及 C 集团的区域总监均表示公司对员工的骗保行为并不知情，这与公安机关调取到的其他非涉案员工的言辞证据以及大多数犯罪嫌疑人的供述能够相互印证。在公安机关侦查和检察机关自行补充侦查相结合的基础上，明确本案非单位犯罪，为后续开展企业合规找准切入点。

二是充分开展调查，积极稳妥启动企业合规工作。检察机关在调查中了解到，C 集团是一家多元化、跨区域经营的投资控股集团，其旗下的 A 公司、B 公司均获得汽车流通协会认可的百强经销商称号，A 公司、B 公司近三年年均纳税额分别达 1300 余万元和 400 余万元，共有 200 余名员工，具有较大的发展前景和社会贡献。但是公司在制度建设方面存在疏漏，主要体现在没有制定严密的保险理赔管理制度，公司人员法律意识不强，导致部分员工为了维系客户、提高个人业绩，通过骗保的方式为客户修车，触犯了法律。检察官在实地调研中发现，两家企业涉案员工众多，案发初期 A 公司的车辆维修服务部门一度陷入瘫痪，两家公司的经营管理、企业形象面临巨大危机。两家公司主动提出愿意承担企业责任，希望进行企业合规整改。同时，保险公司对涉案企业开展企业合规没有异议。检察机关在综合考虑案件事实、企业发展前景、社会贡献、合规意愿的基础上，决定启动合规考察程序。

三是紧扣案件特点，开展专业监督评估。本案中，保险理赔由店内员工与保险公司驻店的查勘定损人员相互配合完成定损、维修、理赔、结算整个流程，具有汽修与保险互涉的行业特点。据此，检察机关商第三方监督评估机制管委会，抽取由物流行业协会、国企法务部门、市场监管部门的专家组成的第三方组织，突出监督评估的专业适配性。检察机关向第三方组织介绍了基本案情，并协助其对企业进行实地调查。经调查，发现企业存在保险理赔业务流程不规范，保险理赔顾问与财务人员、查勘定损人员职责不清，以及保险理赔与维修施工的衔接环节缺乏有效监管等问题。第三方组织针对汽车销售服务行业保险理赔业务的特点，在两家公司原有整改方案的基础上突出问题导向，细化落实措施，要求涉案公司根据流程要素细分为接车定损、维修施工、交车结算、交案回款、保险手续台账登记等项目进行整改。第三方组织根据企业的前期准备情况以及案件的办理进度，确定了 3 个月的合规考察期。

四是积极能动履职，全面深入组织专业公开听证。2022 年 10 月，第三方监督组织对 A 公司、B 公司的整改落实情况出具了合规考察书面报告，认为企业已经落实合规整改计划。检察机关在审查企业合规情况、综合全案事实的基础上，拟对张某甲、张某乙、崔某某作相对不起诉处理。本案涉及多方主体，为保证监督考察和案件办理公正透明，实现政治效果、法律效果和社会效果的统一，检察机关组织公开听证。其一，邀请汽车维修服务行业的行政监管部门及律师担任听证员，从行业监管角度和法律适用角度评议案件，确保听证意见的全面性；其二，邀请 A 公司、B 公司的代表及第三方组织成员参会，分别介绍企业合规整改落实情况和考察评估情况，确保听证员全面了解案件；其三，邀请北京市银保监局工作人员以专家身份线上出席听证会，提供保险监管领域专业意见，确保评议结果的专业性。

五是注重权益维护，确保企业合规整改落实见效。案件办理中，检察机关注重对保险公司合法权益的保护，将企业承担经济责任的情况作为审查合规整改落实的要素，同时在办案中通过对犯罪嫌疑人开展释法说理、适用认罪认罚从宽制度、开展羁押必要性审查等工作积极促进追赃挽损，被骗保险公司的损失全部被挽回。同时，检察机关强化对涉案企业规范经营的引导，促使企业步入良性发展轨道。经过合规整改，A 公司、B 公司实现了对保险理赔业务运营风险点的有效管控，理赔服务部门的工作质效大幅提升，与保险公司的合作更为规范顺畅。2022 年，两家公司保险理赔数据趋向正常，在保险公司内部的合作车商等级均由 B 级提升至 A 级。

六是强化行刑衔接，以点及面推进诉源治理。顺义区检察院在办理该案的同时，也对辖区内近年的车险类诈骗案进行系统梳理。经分析发现，有半数以上的案件均有汽车维修服务企业或个体汽车修理厂参与的情况。这些单位或个人熟悉定损和理赔的流程，了解车辆配件价格并掌握维修技巧，也有招揽车主进店维修进而提高收益的需求，往往主动向车主提出可以不付费修车，或者满足车主提出的免费修车要求，而修车款的来源普遍为通过保险诈骗行为获得的保险理赔款。对此情况，顺义区检察院会同区交通局深入研究在汽车维修服务行业开展行刑衔接的具体措施，探索建立联合普法、线索移送等合作机制，通过与汽车维修行业协会建立合作关系，针对辖区内400余家企业开展行业治理，促成合规经营的法治氛围。

三、典型意义

一是依法全面审查，确保企业合规的必要性和可行性。将案件准确定性作为启动企业合规工作的先决条件，积极引导公安机关补充完善证据，并充分发挥检察机关自行补充侦查的职能作用。充分听取犯罪嫌疑人及辩护人的意见，结合证据进行释法说理，解决控辩双方在案件定性方面的争议。积极稳妥开展企业合规必要性审查，通过组织座谈、查阅企业年报、调取完税证明等材料、听取保险公司意见等方式，多角度审查涉案企业的制度漏洞、发展前景、社会贡献、合规意愿，确保后续开展的企业合规具有必要性、可行性。

二是兼顾企业经营模式和案件特点适用第三方机制，确保企业合规的专业性和科学性。保险公司在车险营销中往往与汽车销售服务企业建立合作关系，企业暴露出的问题兼具汽车维修和保险服务的双重特点。该案在启动第三方机制时充分考虑专业性和针对性，由汽修行业的行政监管部门、相关行业协会组织、法律专业人士组成第三方监督评估组织。合规考察结束后组织公开听证，邀请北京市银保监局工作人员从保险监管的角度提出专业意见，确保合规考察结果运用的科学性。

三是多措并举支持第三方机制运行，发挥企业合规中检察机关的主导作用。启动第三方机制时，检察机关在保证办案安全的前提下向第三方组织提供涉案企业资料及相关案情，协助第三方组织实地调查，综合研判企业在合规领域存在的突出问题。合规监督考察过程中，检察机关在充分保证第三方组织独立履职的基础上，与第三方组织和企业分别建立定期沟通会商机制，双向跟进企业合规整改进程、合规计划落实情况。第三方组织出具企业合规考察书面报告后，检察机关及时回访涉案企业、保险公司，将审查工作做细、做实。

四是推进诉源治理，深化企业合规整改实效。在启动、推进、评估涉案企业合规过程中，兼顾保护民营企业健康发展和维护保险公司合法权益双重目标。保障保险公司的知情权和发表意见的权利，通过深入开展涉案企业合规促进保险合作更加规范、顺畅。立足司法办案，延伸检察职能，充分运用类案调研成果，携手行政监管部门、行业协会开展保险诈骗犯罪诉源治理专项工作，以个案合规推动行业合规。

山西新绛南某某等人诈骗案[①]

一、基本案情

L公司系是从事塑料包装袋生产、加工的劳动密集型企业，拥有实用性专利6项，部分业务涉及进出口贸易，现有员工300人，属国家级高新技术企业，年营业收入2000余万元。L公司拓展家庭加工，为周边留守、老龄无稳定收入人群提供稳定收入来源，助力乡村振兴。南某某系L公司总经理，张某甲、张某乙分别系公司会计、工人。

2019年9月7日，张某乙在生产车间作业时遭机器轧伤右手。因公司未给工人张某乙缴纳工伤保险，为逃避企业承担高额赔偿金，南某某安排张某甲为张某乙于9月9日补缴工伤保险，采取办理出院再二次入院的手段，虚构张某乙受伤时间，骗取工伤保险赔偿款26万余元。案发后，南某某等3人主动投案，如实供述犯罪事实，自愿认罪认罚，L公司将26

①最高检发布第四批涉案企业合规典型案例。

万余元返还社保中心。

公安机关在侦查过程中邀请检察机关介入，涉案企业主动申请适用合规考察，检察机关作出不批准逮捕的决定并同步开展合规准备工作。2022年1月22日，根据L公司的申请，检察机关决定对L公司启动合规考察程序。2022年1月，新绛县公安局以南某某、张某甲、张某乙三人涉嫌诈骗罪向新绛县检察院移送审查起诉。检察机关受理案件后，经三个月合规考察，2022年5月18日，新绛县检察院依法对南某某等3人作出不起诉决定。

二、企业合规整改情况及效果

一是深入调查、依法审查，积极稳妥在企业骗保案件中适用合规机制。新绛县检察院在介入侦查环节组成办案组，依法审查企业经营情况，并多次深入L公司调查，走访生产关联村民家庭。经了解，L公司生产模式以车间加工为主、家庭手工为辅，解决了480个就业岗位，留守老人占比达37.5%，对助力当地乡村振兴具有积极作用。L公司经营状况稳定，产品销往域外多个国家和地区，发展前景良好，且在2021年10月新绛县遭受洪灾时，主动提供厂房安置灾民300余人，具有较强的社会责任感。检察机关综合考虑调查、审查情况，结合南某某等人自首、认罪认罚、退赔等法定、酌定从轻、减轻情节，2022年2月11日，根据L公司的申请，决定对其正式启动合规考察程序，合规整改期3个月。同时，检察机关根据该案特点，及时商请第三方机制管委会组成了由安全评价专家、会计师、律师等组成的第三方监督评估小组。

二是精准把脉、标本兼治，监督评估有的放矢。检察机关在社会调查中发现，L公司在缴纳工伤保险方面存在问题，是案发直接原因，同时在员工管理、规章制度、安全生产执行等方面也存在问题，是引发骗保的深层次原因。新绛县检察院坚持标本兼治的合规整改原则，会同第三方组织为企业精准把脉，引导企业制定“安全生产+财税管理”专项合规组合计划，督促企业设立法务部门，健全企业员工管理及财务管理等制度，补充完善员工分级管理制度和岗位责任制度，构建安全生产管理体系、现场作业规范执行奖惩体系，确保合规整改见实效。

三是量化评估、全面验收，合规考察效果显著。检察机关与第三方组织紧密合作，科学制订评估方案，列出安全管理、生产作业、财税管理、企业制度建设 4 方面内容。明确了修订安全管理制度、安全操作规程、生产安全应急预案，制订应急预案演练计划和年度安全教育培训计划，组织应急演练，完善各类台账，清理生产作业现场，作业岗位悬挂明显的安全警示提醒，完善财税管理制度，加强经济管理和财务管理，工伤保险的缴纳责任到人，按月缴纳并予以公示，确定总经理全面负责的责任落实制度等 24 项内容翔实细致的量化验收标准。L 公司各项指标全部完成，被第三方组织认定为合规整改合格。经公开听证，检察机关对南某某等 3 人作出相对不起诉决定。经整改，L 公司制度建设和生产经营成效显著，2022 年 5 月，L 公司与国外 3 家公司顺利履行 500 万元编织袋购销合同。

四是检察建议推动专项治理，“以案促改”推动行政机关规范监管。检察机关在履职中，针对发现的县社保中心和县工业园区管委会存在保险理赔审查把关不严、工作混乱、监管不力等问题，分别向两家单位制发检察建议。要求社保中心增强科学管理意识，要求工业园区管委会加强对辖区内企业安全生产管理，检察建议被全部采纳。2022 年 4 月，社保中心开展了“工伤保险专项整治”活动，对近 3 年工伤理赔案件进行“回头看”，督促辖区企业补齐工伤保险资料 50 余份，总结经验教训，加强和规范审核、把关工作。同月，工业园区管委会开展了“安全生产大检查”，组织辖区内企业负责人进行安全生产专题培训，对 20 家企业进行安全生产抽查，消除重大安全隐患 3 处。

三、典型意义

一是准确把握涉案企业合规的适用条件，积极稳妥探索对重罪案件适用合规考察程序。本案中3名犯罪嫌疑人涉嫌诈骗罪，办案机关根据《关于建立涉案企业合规第三方监督评估机制的指导意见（试行）》第三条的规定，认为3名犯罪嫌疑人实施的骗取工伤保险基金的行为属于公司企业的经营管理人员实施的与生产经营活动密切相关的犯罪，可以适用合规考察程序。本案中的诈骗罪行为方式与普通诈骗罪存在许多不同，骗取的对象为政府部门管理的社会保险基金，骗取行为与企业生产经营活动直接相关，虽然刑法对诈骗罪未规定单位犯罪，但根据上述指导意见的规定，符合合规案件适用范围。刑法分则当中存在若干类似的罪名，由于未规定单位犯罪，但只要符合涉案企业合规改革试点文件规定的“与生产经营活动密切相关”的条件，就可以纳入合规改革试点的案件范围，从这个意义上讲，涉案企业合规改革并不限于单位犯罪案件。本案中南某某、张某甲的行为按照诈骗罪量刑，基准刑为66个月，属于重罪案件，但检察机关综合考虑其具有自首、退赔退赃、初犯偶犯、认罪认罚等法定酌定量刑情节，同时对涉案企业是否具备合规整改的条件进行了认真分析，对本案启动合规考察程序，完全符合当前涉案企业合规改革探索中的相关指导性文件规定。

二是合规准备工作前移，坚持全流程、系统性推进合规改革试点工作。本案中，检察机关在介入侦查环节即着手开展合规准备工作，通过深入细致的专项调查，准确全面地掌握了犯罪的原因、是否符合合规条件等基本信息，并与侦查机关、政府有关部门、工商联等协作机构紧密沟通、达成共识。注重用足用好合规程序的工具箱，对犯罪嫌疑人不批准逮捕，对企业慎重采取查封、扣押、冻结等强制性侦查措施，有助于全面实现合规整改目的。同时，检察机关尽早开展合规准备工作，有助于案件进入审查起诉环节后高质量开展合规考察，更能发挥合规“保企业”“保就业”等社会功能。

三是针对性制定专项合规组合计划，标本兼治推动真合规、真整改。检察机关借助第三方组织，紧扣财税制度混乱导致的漏保风险，以及安全生产执行不到位引发安全事故风险等问题，为企业量身定制“安全生产+财税管理”专项合规组合推进路径，向企业指明合规风险点，提出专业整改意见。同时，检察机关通过总结提炼《合规整改可行性评估报告》内容，建议第三方组织制定《合规整改情况验收表》，对企业合规整改完成情况进行量化评估，促进第三方组织准确履职，确保合规整改监督评估专业有据，考察验收结果更具说服力，合规整改成效更实。

上海市A公司、B公司、关某某虚开增值税专用发票案①

一、基本案情

被告单位上海A医疗科技股份有限公司（以下简称A公司）、上海B科技有限公司（以下简称B公司），被告人关某某系A、B两家公司实际控制人。

2016年至2018年间，关某某在经营A公司、B公司业务期间，在无真实货物交易的情况下，通过他人介绍，采用支付开票费的方式，让他人为两家公司虚开增值税专用发票共219份，价税合计2887余万元，其中税款419余万元已申报抵扣。2019年10月，关某某到案后如实供述上述犯罪事实并补缴涉案税款。

2020年6月，公安机关以A公司、B公司、关某某涉嫌虚开增值税

---

①最高检发布第一批企业合规改革试点典型案例。

专用发票罪移送检察机关审查起诉。上海市宝山区检察院受理案件后，走访涉案企业及有关方面了解情况，督促企业作出合规承诺并开展合规建设。

二、企业合规整改情况及处理结果

检察机关走访涉案企业了解经营情况，并向当地政府了解其纳税及容纳就业情况。经调查，涉案企业系我国某技术领域的领军企业、上海市高新技术企业，科技实力雄厚，对地方经济发展和增进就业有很大贡献。公司管理人员及员工学历普遍较高，对合规管理的接受度高、执行力强，企业合规具有可行性，检察机关遂督促企业作出合规承诺并开展合规建设。同时，检察机关先后赴多地税务机关对企业提供的纳税材料及涉案税额补缴情况进行核实，并针对关某某在审查起诉阶段提出的立功线索自行补充侦查，认为其具有立功情节。

2020 年 11 月，检察机关以 A 公司、B 公司、关某某涉嫌虚开增值税专用发票罪对其提起公诉并适用认罪认罚从宽制度。12 月，上海市宝山区人民法院采纳检察机关全部量刑建议，以虚开增值税专用发票罪分别判处被告单位 A 公司罚金 15 万元，B 公司罚金 6 万元，被告人关某某有期徒刑三年，缓刑五年。

法院判决后，检察机关联合税务机关上门回访，发现涉案企业的合规建设仍需进一步完善，遂向其制发检察建议并公开宣告，建议进一步强化合法合规经营意识，严格业务监督流程，提升税收筹划和控制成本能力。检察机关在收到涉案企业对检察建议的回复后，又及时组织合规建设回头看。经了解，涉案企业已经逐步建立合规审计、内部调查、合规举报等有效合规制度，聘请专业人士进行税收筹划，大幅节约生产经营成本，提高市场占有份额。

三、典型意义

一是检察机关推动企业合规与适用认罪认罚从宽制度相结合。本案中，检察机关在督促企业作出合规承诺并开展合规建设的同时，通过适用认罪认罚从宽制度，坚持和落实能不判实刑的提出判缓刑的量刑建议等司法政策，努力让企业“活下来”“留得住”“经营得好”，取得更好的司法办案效果。

二是检察机关推动企业合规与检察建议相结合。本案中，检察机关会同税务机关在回访过程中，发现涉案企业在预防违法犯罪方面制度不健全、不落实，管理不完善，存在违法犯罪隐患，需要及时消除的，结合合规整改情况，向涉案企业制发检察建议，推动其深化实化合规建设，避免合规整改走过场、流于形式。

邢某虚开增值税专用发票案①

一、基本案情

芜湖某工程公司实际控制人邢某为了获得足够的增值税专用发票至税务机关认证抵扣税款，在与他人无真实交易的情况下，采取支付票面金额6%至7%开票费的方式，伙同他人为自己实际控制的芜湖某工程公司虚开增值税专用发票13份，所有虚开的增值税专用发票均已向税务部门认证抵扣共计税款17万余元。一审法院经审理，以虚开增值税专用发票罪判处被告人邢某拘役一个月，并处罚金2万元。

①周瑞平:《善意文明司法　合理合法发展——芜湖中院涉刑企业合规整改第一案纪实》,中国法院网,网址:https://www.chinacourt.org/article/detail/2023/05/id/7281041.shtml

邢某不服一审判决，向芜湖中院提起上诉，同时，邢某及其实际控制的企业向芜湖中院提出企业合规整改申请。

二、企业合规整改情况及效果

2022 年 12 月 14 日，芜湖中院联合芜湖市人民检察院实地走访涉案企业，对能否适用合规整改进行深入研判，对企业相关负责人进行严格考察。鉴于该案的起因是涉案企业负责人法律意识淡薄，案发后其认罪态度良好，自愿认罪认罚且自愿整改的意识强烈，经审查后认为，该公司符合启动企业合规整改的条件。

12 月 22 日，芜湖中院裁定对该案中止审理，并启动对涉案企业合规监管考察，考察期限三个月。考察期内，合议庭成员主持召开监督评估会 3 次，走访企业 4 次，提出整改建议 6 条。涉案企业主动补缴全部税款 17 万余元，在依法纳税等重点问题上提升整改。第三方监督评估小组围绕合规风险点为涉案企业举办合规专项培训 3 次，健全完善制度规范、工作流程 20 处，组织全体员工签订合规承诺书、廉洁协议，并对全体员工进行合规考试。

4 月 19 日，涉案企业完成了既定的合规整改目标，第三方监督评估小组认为："芜湖某工程公司通过合规整改，已经基本形成了合规文化，完善了合规制度，建立了合规体系，并且设立了相应的检测、举报、调查、处理机制与合规绩效评价机制，合规整改具备有效性，可以通过验收。"

4 月 27 日，芜湖中院公开开庭审理邢某等上诉人虚开增值税专用发票案。合议庭评议认为，芜湖某工程公司已经完成了刑事合规整改，邢某作为公司实际负责人具有自首、认罪认罚、补缴全部税款等法定、酌定从轻、减轻处罚情节，符合适用缓刑甚至免予刑事处罚条件。经该院审判委员会讨论决定，对邢某依法判处免予刑事处罚。

三、典型意义

一是保企业保就业。根据二审法院的实地调查，邢某控制的 3 家工程类企业共承建了 8 处工程项目，共有进城务工人员 140 余人，年纳税额 200 余万元，具有较好的发展前景。承办法官认为："时至岁末年关，如果简单地一判了之，可能会影响企业发展。"

二是"治罪"与"治理"并重。从保护中小企业角度出发，在依法追究刑事责任的同时，本着善意文明司法理念，积极主导开展涉案企业合规整改，保障民营经济守法、健康发展。面对二审阶段如何适用企业合规这一新课题，芜湖中院专门成立合规案件工作专班，研究学习相关理论和实务案例，前往深圳、绍兴等地法院学习先进经验做法，提请芜湖市委政法委召开法院、检察院、公安局"三长"联席会议就合规案件审理交换意见，为二审阶段企业合规案件审理打下坚实基础。

三是多方监管合规整改。为强化合规考察结果的司法运用，芜湖中院在正式启动合规程序时，组建了由芜湖市税务局、会计师事务所、律师事务所专家组成第三方监督评估小组，重点对涉案企业依法纳税等多方面问题进行整改。

孟县 XX 银行 11 名职工涉嫌违法发放贷款案①

一、基本案情

2014 年至 2019 年期间，孟县 XX 银行的营业部、A 支行和 B 支行共计 11 名员工参与实施违法发放贷款行为，构成违法发放贷款罪。

---

①阳城检刑不诉〔2023〕6 号、7 号、8 号、9 号、11 号、12 号、13 号、14 号、16 号、17 号、18 号不起诉决定书，检索自 12309 网站。

（一）盂县 XX 银行 A 支行共有两笔贷款系违法发放

邢某某时任盂县 XX 银行 A 支行行长，崔某某和高某某系该支行职工。在盂县 XX 有限公司于 2014 年 12 月申请 3900 万元贷款和 2015 年 7 月申请 1550 万元贷款的两次评级授信调查中，支行行长邢某某安排职工崔某某、高某某进行办理，崔某某为主调查人，高某某为次调查人。崔某某、高某某二人在未对该公司提供的审计报告、财务报表等相关资料的真实性及公司具体情况进行核实的情况下，出具了评级授信情况调查报告，支行行长邢某某未按照规定对调查报告的真实性进行审核，即同意评级授信。经总行评级授信审查及贷审会通过后，盂县 XX 银行 A 支行与盂县 XX 有限公司签订贷款合同并按约定发放贷款。其中 3900 万贷款到期后，多次办理倒贷，至今未归还，1550 万元贷款到期后，多次倒贷增发至 2830 万元，至今未归还。

邢某某、崔某某、高某某三人到案后如实供述，自愿认罪认罚。

（二）盂县 XX 银行 B 支行共有两笔贷款系违法发放

2015 年 2 月，盂县 XX 有限公司申请 2000 万元贷款时，支行行长田某某安排梁某某、张某某负责该笔贷款的评级授信调查，梁某某为主调查人，张某某为次调查人。梁某某、张某某二人在未对该公司提供的审计报告、财务报表等相关资料的真实性及公司是否真实经营等具体情况进行核实的情况下，出具了评级授信情况调查报告，支行行长田某某未按照规定对调查报告的真实性进行审核，即同意评级授信。经总行评级授信审查及贷审会通过后，2015 年 2 月 12 日，盂县 XX 银行 B 支行向盂县 XX 有限公司发放 2000 万元贷款。该笔贷款到期后，多次办理倒贷，至今未归还。

2016 年 12 月，山西 XX 有限公司申请 2300 万元贷款时，支行行长田某某安排刘某某、邓某某负责该笔贷款的评级授信调查，刘某某为主调查人，邓某某为次调查人。刘某某、邓某某二人在未对该公司提供的审计报告、财务报表等相关资料的真实性及公司是否真实经营等具体情况进行核实的情况下，出具了评级授信情况调查报告，支行行长田某某未按照规定对调查报告的真实性进行审核，即同意评级授信。经总行评级授信审查及贷审会通过后，2016 年 12 月 23 日，盂县 XX 银行 B 支行向山西 XX 有限公司发放 2300 万元贷款。该笔贷款到期后，增加 50 万元贷款额度，后多次办理倒贷，2350 万元贷款至今未归还。

田某某、梁某某、张某某、刘某某、邓某某五人到案后如实供述，自愿认罪认罚。

（三）盂县 XX 银行营业部共有两笔贷款系违法发放

2018 年 11 月，山西 XX 有限公司申请 6000 万元贷款时，时任盂县 XX 银行营业部主任的田某某安排部门职工李某某、周某某负责该笔贷款的评级授信调查，李某某为主调查人，周某某为次调查人。李某某、周某某二人在未对该公司提供的审计报告、财务报表等相关资料的真实性及公司是否真实经营等具体情况进行核实的情况下，出具了评级授信情况调查报告，主任田某某未按照规定对调查报告的真实性进行审核，即同意评级授信。经总行评级授信审查及贷审会通过后，2018 年 11 月 26 日由盂县 XX 银行营业部向山西 XX 有限公司发放贷款 1000 万元，其余 5000 万元由平定 XX 银行营业部、阳泉 XX 银行荫营支行分别发放。该笔贷款到期后，多次办理倒贷，至今未归还。

2019 年 5 月，盂县 XX 有限公司申请 3500 万元贷款时，时任盂县 XX 银行营业部主任的田某某，安排部门职工周某某、王某某负责该笔贷款的评级授信调查，其中周某某为主调查人，王某某为次调查人。周某某、王某某二人在未对该公司提供的审计报告、财务报表等相关资料的真实性及公司是否真实经营等具体情况进行核实的情况下，出具了评级授信情况调查报告，主任田某某未按照规定对调查报告的真实性进行审核，即同意评级授信。经总行评级授信审查及贷审会通过后，2019 年 5 月 31 日，盂县 XX 银行营业部向盂县 XX 有限公司发放贷款 3500 万元，该笔贷款到期后倒贷，至今未归还。

田某某、李某某、周某某、王某某四人到案后如实供述，自愿认罪认罚。

二、企业合规整改情况及处理结果

案发后，孟县 XX 银行针对经营过程中存在的制度不健全、管理不到位、责任不明晰等问题全面进行企业合规整改工作。

经第三方组织评估认为，孟县 XX 银行已有效建立并有效运转了合规体系，合规整改合格。

检察院根据《中华人民共和国刑法》第三十七条和《中华人民共和国刑事诉讼法》第一百七十七条第二款的规定，决定对邢某某、田某某等 11 人不起诉。

三、评析

案发后，孟县 XX 银行针对经营过程中存在的制度不健全、管理不到位、责任不明晰等问题全面进行企业合规整改工作，经第三方组织评估认为，孟县 XX 银行已有效建立并有效运转了合规体系，合规整改合格。

邢某某、田某某等 11 人实施了《中华人民共和国刑法》第一百八十八条第一款规定的行为，其行为构成违规出具金融票证罪。但其履职行为系孟县 XX 银行贷款审核发放中的一个环节，不应当承担全部责任；且其失职行为与孟县 XX 银行内部管理制约机制不健全、规章制度执行不到位有直接联系。孟县 XX 银行在案发后全面进行了合规整改，经第三方组织考察评估结果为合格。邢某某、田某某等 11 人归案后如实供述，自愿认罪认罚，其所在的孟县 XX 银行向本院出具意见，建议对其从宽处理。综合以上事实情节，邢某某、田某某等 11 人犯罪情节轻微，根据《中华人民共和国刑法》第三十七条的规定，不需要判处刑罚。依据《中华人民共和国刑事诉讼法》第一百七十七条第二款的规定，决定不起诉。

新泰市 J 公司等建筑企业串通投标系列案件[①]

一、基本案情

2013 年以来，山东省新泰市 J 工程有限公司（以下简称 J 公司）等 6 家建筑企业，迫于张某黑社会性质组织的影响力，被要挟参与该涉黑组织骨干成员李某某（新城建筑工程公司经理，犯串通投标罪被判处有期徒刑一年零六个月）组织的串通投标。李某某暗箱操作，统一制作标书、统一控制报价，导致新泰市涉及管道节能改造、道路维修、楼房建设等全市 13 个建设工程项目被新城建筑工程公司中标。由张某黑社会性质组织案带出的 5 起串通投标案件，涉及该市 1 家民营企业、2 家国有企业、3 家集体企业，均为当地建筑业龙头企业，牵扯面大，社会关注度高。

2020 年 3 月、4 月，公安机关将上述 5 起串通投标案件移送新泰市检察院审查起诉。检察机关受理案件后，通过自行补充侦查，进一步查清案件事实，同时深入企业开展调查，于 2020 年 5 月召开公开听证会，对 J 公司等 6 家企业作出不起诉决定。

二、企业合规整改情况及处理结果

检察机关通过自行补充侦查，查清 J 公司等 6 家企业被胁迫陪标的案件事实。6 家企业案发时均受到涉黑组织骨干成员李某某的要挟，处于张某黑社会性质组织控制范围内，被迫出借建筑资质参与陪标，且没有获得任何非法利益。同时，检察机关实地到 6 家企业走访调查，掌握企业疫情

①最高检发布第一批企业合规改革试点典型案例。

防控常态化下复工复产情况及存在的困难问题；多次到住建部门座谈，了解到6家企业常年承接全市重点工程项目，年创税均达1000万元以上，其中1家企业年创税1亿余元，在繁荣地方经济、城乡建设、劳动力就业等方面作出突出贡献。如作出起诉决定，6家企业三年内将无法参加任何招投标工程，并被列入银行贷款黑名单，将对企业发展、劳动力就业和全市经济社会稳定造成一定的影响。

2020年5月，泰安市两级检察机关邀请人民监督员等各界代表召开公开听证会，参会人员一致同意对J公司等6家企业及其负责人作不起诉处理。检察机关当场公开宣告不起诉决定，并依法向住建部门提出对6家企业给予行政处罚的检察意见，同时，建议对近年来建筑行业的招投标情况进行全面细致摸排自查，净化建筑业招投标环境。听证会结束后，检察机关组织当地10家建筑企业、连同6家涉案企业负责人召开专题座谈会，宣讲企业合规知识，用身边案例警醒企业依法规范经营，从而实现了“办理一案、教育一片、治理社会面”的目的。

检察机关还向6家涉案企业发出检察建议，要求企业围绕所涉罪名及相关领域开展合规建设，并对合规建设情况进行跟踪监督，最后举办检察建议落实情况公开回复会，对合规建设情况进行验收，从源头上避免再发生类似违法犯罪问题。在合规建设过程中，6家涉案企业缴纳171万余元行政罚款，并对公司监事会作出人事调整，完善公司重大法务风险防控机制。此后6家被不起诉企业积极扩大就业规模，安置就业人数2000余人，先后中标20余项重大民生工程，中标工程总造价20余亿元。

三、典型意义

本案中，检察机关充分履行自行补充侦查职权，全面查清案件事实，开展社会调查，为适用企业合规提供充分依据。同时，检察机关推动企业合规与不起诉决定、检察听证、检察意见、检察建议等相关工作紧密结合，既推动对企业违法犯罪行为依法处罚、教育、矫治，使企业能够改过自新、合规守法经营，又能减少和预防企业再犯罪，使企业更主动地承担社会责任，同时推动当地建筑行业深层次问题的解决，为企业合规建设提供了生动的检察实践。

山东沂南县Y公司、姚某明等人串通投标案[①]

一、基本案情

山东省沂南县Y有限公司（以下简称Y公司）系专门从事家电销售及售后服务的公司，法定代表人姚某明。除Y公司外，姚某明还实际控制由其表哥姚某柱担任法定代表人的沂水县H电器有限公司（以下简称H公司）。

2016年9月、2018年3月、2020年6月，犯罪嫌疑人姚某明为让Y公司中标沂水县农村义务教育学校取暖空调设备采购、沂水县第一中学、沂水县第四中学教室空调等招标项目，安排犯罪嫌疑人徐某（Y公司员工）借用H公司等三家公司资质，通过暗箱操作统一制作标书、统一控制报价、协调专家评委等方式串通投标，后分别中标，中标金额共计1134万余元。2021年1月，沂水县公安局以Y公司、姚某明等人涉嫌串通投标罪移送沂水县检察院审查起诉。

二、企业合规整改情况及效果

一是综合审查，确定案件纳入企业合规考察范围。沂水县检察院经审查认为，虽然该案中标金额较大，但Y公司姚某明等人有自首情节，主动

①最高检发布第二批企业合规改革试点典型案例。

认罪认罚，Y公司正处于快速发展阶段，在沂南县、沂水县空调销售市场占据较大份额，疫情期间带头捐款捐物，综合考虑企业社会贡献度、发展前景、社会综合评价、企业负责人一贯表现等情况，以及该企业在法律意识、商业伦理、人员管理、财务管理等方面存在的问题，决定对该案适用企业合规试点工作。2021年6月，沂水县检察院经征询涉案企业、个人同意，层报山东省检察院审核批准，对该案正式启动企业合规考察。

二是探索异地协作，对涉案企业开展第三方监督评估。结合涉案企业Y公司所在地为沂南县、犯罪地为沂水县的实际，沂水县检察院多次与两地第三方机制管委会及沂南县检察院沟通交流，共同签订《企业合规异地协作协议》，并由沂南、沂水两地第三方机制管委会从专业人员名录库中抽取律师、市场监管、工商联人员5人组建第三方组织，对Y公司合规建设开展监督评估。第三方组织多次深入企业实地走访、考察，主动约谈企业负责人，全面了解企业情况，诊断出Y公司在风险防控、日常管理方面存在缺乏招投标管理制度，内部审批不严，账簿登记不实，守法意识不强，工资发放不规范等诸多问题，指导企业制定覆盖生产经营全过程、各环节和管理层级的合规计划，确定3个月的考察期。整改过程中，第三方组织每月将合规计划执行情况通报双方检察机关及第三方机制管委会，四方会商后对合规计划及执行情况提出修改完善意见建议，定期跟踪调度，并于考察期满后出具对涉案企业的合规考察报告。同时，沂水县检察院积极建议县工商联、县市场监管局指派专人，参照Y公司合规计划，一并督促做好关联企业H公司的合规整改。

三是组建巡回检查小组，对第三方组织履职情况开展“飞行监管”。沂水县第三方机制管委会制定《沂水县企业合规改革试点巡回检查小组工作方案》，结合本案案情，选取6名熟悉企业经营和法律知识的人大代表、政协委员、人民监督员组成巡回检查小组。巡回检查小组和办案检察官通过不预先告知的方式，深入到两个企业进行实地座谈，现场抽查Y公司近期中标的招标项目，对第三方组织履职情况以及企业合规整改情况进行“飞行监管”。通过现场核查，认为涉案企业整改到位，未发现第三方组织不客观公正履职情况。

四是延伸检察职能，扩大办案效果。承办检察官在全面审查合规考察报告和案件情况的基础上，提出拟不起诉意见。为确保公开公正，检察机关邀请政协委员、人民监督员和第三方机制管委会成员等 5 人组成听证团，对该案进行合规验收听证，听证人员一致同意检察机关意见。2021 年 10 月，沂水县检察院经综合评估案情、企业合规整改、公开听证等情况，认为 Y 公司、姚某明等人主动投案、认罪认罚，主观恶性较小，串通投标次数较少，且案发后有效进行企业合规整改，建立健全相关制度机制堵塞管理漏洞，依法合规经营不断创造利税，社会危害性较小，对 Y 公司、姚某明等人依法作出相对不起诉决定。同时，针对办案过程中发现的问题，沂水县检察院建议行政主管部门对 Y 公司及其他公司出借资质的行为依法处理；向财政、教育、市场监管三部门发出完善招投标管理、堵塞制度漏洞等检察建议，建议进一步严格落实行贿犯罪查询、政府采购活动中违法违规行为查询等制度规定，加强对招标代理公司管理。

当地市场监管等部门积极采纳检察建议，开展招投标领域专项整治，对 2021 年以来 60 余个招投标项目全面清查，发现标前审查不严格、招标代理机构管理不规范等问题 21 个，并针对问题逐项整改；举办行业管理人员、招标代理机构专题培训，建立健全投标单位标前承诺制度、违法违规行为强制查询制度，对专项整治以来中标项目进行动态跟踪，畅通违法行为举报途径、加大惩罚力度，强化行政监管，有效遏制了串标、围标等违法行为发生。

三、典型意义

第一，积极探索，对第三方组织开展“飞行监管”。该案中，为确保企业合规建设和第三方组织监督工作依法、规范、有序进行，第三方机制管委会组建巡回检查小组，探索建立“飞行监管”机制，对第三方组织及其组成人员的履职情况开展不预先告知的现场抽查和跟踪监督。实践中，第三方机制管委会可以牵头组建巡回检查小组，邀请人大代表、政协委员、人民监督员、退休法官、检察官以及会计、审计、法律、合规等相关领域的专家学者担任巡回检查小组成员开展巡回检查，并将检查情况及时报告第三方机制管委会及其联席会议，提出改进工作的意见建议。

第二，强化协作配合，促进关联企业共同整改。该案探索建立第三方监督评估异地协作模式，对涉案企业开展合规建设。同时，由行政主管部门加强对关联企业合规整改的监督指导。经过共同监管，涉案企业及关联企业专门聘请法律顾问进行合规建设，同时建立每月述职谈合规、合规学习、员工管理、财务管理、举报制度等相关机制。整改期间，Y 公司参与了六个项目的招投标，依法合规承揽工程 2000 余万元，稳定持续提供就业岗位 200 余个。同时，各职能部门在各自管理环节落实“谁执法谁普法”，加强正面引导和反面警示，让招投标领域相关从业人员正确判断自己的行为性质，遵规守法，加强行业自律。

第三，注重行业治理，实现“办理一案、治理一片”效果。近年来，不法分子为经济利益所驱动，在工程建设、设备采购等多个领域大肆“串标”“围标”，不仅严重扰乱市场经济秩序，侵害其他招投标当事人合法利益，还给工程质量、安全管理带来隐患，各方务必高度重视，采取有力措施加以解决。该案中，检察机关积极延伸办案职能，主动作为，注重加强与相关行政主管部门的沟通协作，用好公开听证、检察意见、检察建议组合拳，促进从个案合规提升为行业合规，助力在招投标领域形成合规建设的法治氛围，努力实现“办理一起案件、扶助一批企业、规范一个行业”的良好示范效应。

福建省三明市X公司、杨某某、王某某串通投标案①

一、基本案情

福建省三明市X公司（以下简称X公司）系当地拥有高资质高技术的通信技术规模级设计、施工、集成企业。杨某某系X公司法定代表人、总经理；王某某系X公司副总经理，负责对外招投标、施工及结算等业务。

X公司在投标三明市公安局交警支队3个智能交通系统维保项目过程中，与其他公司串通，由X公司制作标书、垫付保证金，并派遣X公司员工冒充参与串标公司的投标代理人进行竞标，最终上述3个项目均由X公司中标施工建设，中标金额共计603万余元。上述项目现已施工完毕，并通过工程验收决算。案发后杨某某、王某某主动投案。2021年4月，三明市公安局三元分局以X公司、杨某某、王某某涉嫌串通投标罪向三明市三元区检察院移送审查起诉。2022年1月，检察机关依法对X公司、杨某某、王某某作出不起诉决定。

二、企业合规整改情况及效果

一是深入社会调查启动企业合规。检察机关经审查了解，X公司系具有涉密信息系统集成资质乙级等多项资质、多项专利的高资质、发展型民营企业，企业综合实力在福建省同行业排名前20名，是三明市该行业的龙头企业，累计纳税7000余万元、企业员工100余名、拥有专利20余件。案发后，公司面临巨大危机，大量人员有失业风险，对当地经济和行

①最高检发布第三批企业合规改革试点典型案例。

业发展产生一定负面影响。审查起诉阶段，检察机关向 X 公司送达《企业刑事合规告知书》，该公司在第一时间提交了书面合规承诺以及行业地位、科研力量、纳税贡献、承担社会责任等证明材料。X 公司及杨某某、王某某均自愿认罪认罚，涉案项目已施工完毕，并通过竣工验收决算，无实质性危害后果。检察机关经过实地走访调研，X 公司的合规承诺具有真实性、自愿性，符合企业合规相关规定。检察机关在认真审查调查案件事实、听取行政机关意见以及审查企业书面承诺和证明材料基础上，综合考虑企业发展前景、社会贡献、一贯表现及企业当前暴露出的经营管理机制疏漏，2021 年 9 月启动合规考察程序，确定 3 个月的合规考察期。

二是扎实开展第三方监督评估。三明市第三方监督评估机制管委会指定 3 名专业人员组成第三方组织，对 X 公司启动企业合规监督考察程序。整改期间，检察机关多次与第三方组织、企业专业律师团队会商，针对 X 公司在投标经营活动方面存在的风险漏洞，指导企业修订、完善《企业合规整改方案》和《企业合规工作计划》，有针对性地督促企业健全内控机制及合规管理体系。X 公司积极对照实施，及时汇报进展情况。检察机关会同第三方组织对合规计划执行情况不定期开展灵活多样的跟踪检查评估。

三是公开听证后作出不起诉决定。2022 年 1 月，第三方组织对 X 公司企业合规整改进行验收，经评估通过合规考察。检察机关组织召开听证会，听取人大代表、政协委员、人民监督员、侦查机关及群众代表对 X 公司合规整改的意见，听证员一致认可企业整改成效。同月，检察机关经综合审查认为，X 公司、杨某某、王某某等人主动投案、认罪认罚、主观恶性较小，相关项目业已施工完毕并通过验收，未给社会造成不良影响。且 X 公司案发后积极开展有效合规整改，建立健全相关制度机制，堵塞管理漏洞，确保依法经营，不断创造利税，依法对 X 公司、杨某某、王某某作出不起诉决定。

四是持续做好不起诉后跟踪回访。检察机关经综合考察听取各方意见后，依法作出不起诉决定，让企业“活下去”，有机会“经营好”，X 公司对参与投标的 13 个项目均进行合规审核，最终中标 2 个项目，金额 100 多万元。检察机关开展“回头看”，要求 X 公司对已整改到位部分加强常态监管，较为薄弱环节持续整改。而后检察机关邀请第三方监管人员围绕企业已整改问题及关联持续建设领域进行跟踪回访，继续为企业依法合规经营提供普法服务，确保合规整改效果能够“长效长治”。

三、典型意义

第一，严格把握企业合规适用标准、条件，围绕企业特点全面做好合规前调查。对于涉案高技术型民营企业，检察机关会同有关部门，对涉案公司开展社会调查，通过市场监管、人社、税务、工商联等平台，调查其社会贡献度、发展前景、社会评价、处罚记录等。同时研判发案原因，查找其经营风险和管理缺漏，以“合规告知书+检察建议书”形式，提出整改建议，使涉案企业“合规入脑”，督促其作出合规承诺。检察机关在社会调查时，主动审查涉案公司是否符合适用条件，及时征询涉案企业、个人的意见，与本地区第三方机制管委会提前沟通，做好合规前期准备。

第二，多方协作优化合规计划，严格督促企业逐条对照落实。依托第三方监督评估机制向相关行业领域的专家“借智借力”，立足 X 公司自身问题，结合相关领域的合规标准，指导企业优化合规计划，对合规体系运行涉及的组织架构、事项流程、内控机制、风险整改、文化培塑等进行分解细化，从提升合规意识、规范投标业务操作到健全配套内部资金流向监管审计等层面，严格按照时间表监督落实，做到点面衔接，实现“合规入心”。检察机关还会同第三方组织通过多次实地走访 X 公司，与律师团队等会商研讨，指导 X 公司对合规计划进行修订完善，为后续推进第三方监督评估创造重要前提条件。

第三，综合运用多类型评估、考察机制，确保涉案企业合规整改实质化。评估程序上，坚持问题导向，逐条对照合规计划检视企业整改效果，防止走过场的“纸面合规”。考察方式上，采取灵活、有效方式，不拘泥于特定形式，在不影响正常生产经营的前提下，融合开展实地考察、听取汇报、查阅资料、组织座谈、同业参照等组合方式，推动合规建设，强化员工守法意识。企业通过评估后，检察机关接续用好公开听证、人民监督员监督、人大代表、政协委员监督等方式，以公开促公正，确保合规验收环节的质量效果，实现合规“成效入档”，避免合规建设流于形式。

山东潍坊X公司、张某某污染环境案①

一、基本案情

山东潍坊X公司系中外合资企业，是中国溴系阻燃剂产能最大的企业之一。犯罪嫌疑人张某某系该公司副总经理、生产经理。

2020年5月，张某某雇佣人员在厂区土地挖掘沟渠后填埋X公司生产过程中产生的溴系阻燃剂落地料4.8吨。经山东省环境保护领域专业司法鉴定中心认定，上述倾倒特征物为危险废物。X公司违反国家规定，非法填埋危险废物4.8吨，涉嫌污染环境犯罪，张某某系X公司直接负责的主管人员，应予追究刑事责任。案发后，张某某被依法传唤到案，如实供述了犯罪事实。2021年8月5日，公安机关以X公司、张某某涉嫌污染环境罪移送潍坊市滨海经济技术开发区检察院（以下简称滨海经开区检察院）审查起诉。

2021年10月，当地生态环境部门委托专业机构进行了生态环境损害

①最高检发布第四批企业合规改革试点典型案例。

鉴定评估工作。经评估，X 公司在厂区土地挖掘沟渠非法填埋危险废物的行为，导致沟渠内的土壤被污染，案发后该部分被污染土壤已经全部挖掘用于计算溴系阻燃剂落地料的数量。经检测，除被污染土壤外，周围土壤环境质量未受到本次事件的损害，无需生态环境损害修复，遂要求 X 公司支付土壤环境监测、现场调查、环境损害评估等费用 8 万元。

二、企业合规整改情况及效果

一是深入合资企业实地调查，审查启动企业合规考察。滨海经开区检察院经审查发现 X 公司、张某某非法处置危险废物 4.8 吨，构成污染环境罪，其中张某某作为负责生产经营的副总经理，决定实施倾倒废物的行为，代表了单位意志且单位从倾倒废物行为中获益，X 公司成立单位犯罪。X 公司与张某某均认罪认罚，犯罪嫌疑人张某某犯罪情节相对轻微，刑期为一年以下有期徒刑，并处罚金，可适用缓刑。审查起诉期间，检察办案人员先后多次前往 X 公司实地调查，了解到 X 公司是中国溴系阻燃剂产能最大的企业之一，X 公司的外资投资方 H 集团在其国内外同时上市，入选富时社会责任指数系列（FTSE4Good Index Series，旨在识别根据全球公认标准，在环境、社会和治理方面表现良好的公司，并对其成绩进行表彰）。如果对 X 公司进行刑事处罚，将在全球范围对 H 集团造成重大负面影响，严重影响 H 集团富时社会责任指数成员的地位以及 EcoVaidis（全球公认的企业社会责任权威评价机构）金牌评级。考虑到 X 公司的产品主要以出口为主，失去众多国际订单，将严重影响企业的融资及生产运营的能力，进而可能导致企业大规模裁员。另发现 X 公司虽然设立了各种制度，但仍然存在生态环保制度不健全、生态环境观念欠缺、操作规程执行不到位等问题。在确认 X 公司已与当地政府达成赔偿协议，支付相关费用且将非法填埋物妥善处置，非法倾倒危险废物的行为对生态环境质量未造成重大影响的情况下，滨海经开区检察院经初步审查认定该公司符合企业合规适用条件，遂层报山东省检察院审批。2022 年 4 月 12 日，山东省检察院同意对 X 公司启动涉案企业合规考察。

二是上下级检察机关联动，积极适用第三方机制。滨海经开区检察院根据案件罪名、案件性质、合规重点方向等方面，着重考虑第三方组织成员人数和行业身份，争取潍坊市检察院支持，由潍坊市检察院从全市专业人员名录库中分类随机抽取 5 名人员（市生态环境局、市应急管理局、市税务局各 1 人，律师 2 人）组建了第三方组织。在合规考察期间，两级检察院积极会同第三方组织成员多次到 X 公司实地考察，查看危险废物非法填埋现场及处置方式，认真研判 X 公司合规领域的薄弱环节和突出问题，督促 X 公司制定整改方案。

X 公司成立专项合规建设领导小组，主动聘用外部专家及外部合规顾问（包括国家级、省级及世界银行专家库的环境专家）协助合规整改，重点对安全生产环节、危废物处置环节进行了检查整改，建立了环境安全合规管理体系，同时新设两处危废物仓库，新购置上框压滤系统用以减少落地物产生。考察期间，X 公司补充制定了共计 3200 多页的修订制度目录、证据清单等专项合规整改材料，同时报送检察机关与第三方组织，并根据双方提出的意见对合规整改方案进行了补充完善。X 公司还建立合规风险发现、举报、监控及处理机制，建立合规绩效评价机制，推进考核与追责，并先后对企业人员开展 12 次全员合规培训、30 多次专项合规培训，投资建立国际先进的“Go Arc”技术管理系统，企业合规文化得以重塑和深化普及。

三是通过听取汇报、现场验收、公开听证等方式，对监督考察结果的客观性进行充分评估论证。滨海经开区检察院经过对 X 公司制定的合规计划、整改方案，第三方组织制定的评估方案、评估指标体系、阶段性考察报告、合规整改考察评估报告等进行全面审查，对整改情况进行实地调查核实，认可企业合规整改合格。2022 年 7 月 28 日，滨海经开区检察院组织人民监督员、第三方组织成员、公安机关侦查人员、生态环境部门工作人员进行公开听证，一致认为，X 公司已经全面、有效完成了合规整改，并形成了长效合规管理机制，企业经营状况大为改观，同意检察机关作不起诉处理。2022 年 8 月 5 日，滨海经开区检察院对 X 公司、张某某作出不起诉决定并公开宣告。同时，滨海经开区检察院提出检察意见，对于办案中发现的涉行政处罚的事由，建议区生态环境局结合 X 公司已经进行企业合规整改的具体情况从宽处罚。

三、典型意义

第一，依法能动履职，全面准确把握涉案企业合规改革的主要目的。滨海经开区检察院以涉案企业合规改革精神为指导，先行到 X 公司调研和查看案发现场，积极推动 X 公司进行企业合规整改。合规建设使企业自身取得了持续发展的能力，保持了企业的国际竞争力，同时对本地其他化工企业起到了警示作用。截至 2022 年 8 月，X 公司稳定原有就业人员近百人，并新增就业人员多名。此外，潍坊市滨海经开区管委会出具了对 X 公司扩产技术改造项目的联审意见，同意 X 公司每年增产 4000 吨溴系阻燃剂的生产，预计 X 公司当年新增投资 1500 万元，新增税收 500 万元，显著提高了企业持续发展的能力。

第二，坚持检察上下一体，联动办案。经山东省检察院同意潍坊市滨海经开区检察院对该案启动涉案企业合规后，滨海经开区检察院结合当时该区尚未成立第三方机制委员会的实际情况，依托潍坊市检察院与市第三方监督评估机制管理委员会会商，选定了包括市检察院特聘专家在内的人员组建第三方组织，同时对第三方组织成员的选任工作和履职情况进行监督。在办案过程中，上下两级检察院办案人员多次会同第三方组织成员到 X 公司进行考察、座谈、评估，在危险废物的识别流程、固体废物的收集和处理环节、员工培训等方面，向 X 公司提出意见。企业合规整改完成后，上下两级检察院精准开展合规监督评估，督促 X 公司认真落实环保责任，弥补了 X 公司的监督管理漏洞，有效防止了再次发生相同或类似违法犯罪，助推 X 公司完善现代企业管理制度。

第三，结合中外合资企业特点，外资集团旗下在华十余家同类企业主动、全面开展合规建设，将 ESG 国际标准本土化，探索建立符合我国国情的专项合规体系。企业合规整改过程中，检察机关发现 X 公司所属集团公司曾获得 EcoVadis 评级金牌，在中国本土化进程中却遇到了挑战。究其原因，X 公司虽然意识到应当将国际 ESG 合规标准应用于中国本地企业，但该标准内容多为体系与原则性规定，在中国落地必然需要依据中国法规与中国实践经验进行细化。X 公司虽然要求 ESG 合规标准融入管理全流程，制定了指导性规定，但具体到每位员工应当承担的责任时出现了偏差，且在固体废物的收集和处理等环节存在漏洞，导致涉案企业危险废物处置由生产经理个人决策，未按照标准汇报公司后处理，从而发生污染环境的犯罪。

针对这一问题，检察机关与第三方组织协助 X 公司结合我国法律分析本地常见违规情况，识别可能导致企业刑事责任的风险点，建议在类似重大决策层面，应将个人责任与集体决策相结合，帮助企业完成制度落地。X 公司深入研究案件发生的原因，参考 H 集团的 ESG 合规标准与当地最佳合规进行实践操作，使用新型合规方案，使新的决策机制在中国实践获得成功，并形成双重预防机制智能化，从而将国际 ESG 合规标准本土化。H 集团为落实该项机制，以点带面，主动将集团公司在中国的其他十余家企业均进行了内部合规整改，设立了风险监控与处理机制，真正实现了集团企业全面合规，保证了集团企业在中国的可持续发展。

石某某污染环境案[①]

一、基本案情

某食品公司于2010年12月成立，注册资本1000万，主要从事速冻食品生产、销售，肉鸡屠宰、销售，鸡鸭养殖、销售等业务，公司住所地在江苏省徐州新沂市阿湖镇323省道东侧，于2020年、2021年被徐州市生态环境局纳入徐州市重点排污单位。该公司内设污水处理厂，厂内设置废水自动监测设施，监测化学需氧量、氨氮、总磷、总氮污染物的排放浓度，相关数据实时上传至环保部门监管平台。2021年6月至12月间，被告人石某某作为某食品公司安全管理部副经理，全面负责该公司污水处理工作，为了单位利益，在明知自动监测数据多次超标被环保部门短信提醒的情况下，仍授意污水处理厂王某等5名污水操作工采取自制达标液体的方式干扰自动监测设施采样，并排放化学需氧量、氨氮等污染物。经查，上述期间王某等人共实施替换水样干扰采样行为50余次，逃避环保部门检查，严重污染环境。2021年12月3日，因徐州市生态环境局对某食品公司现场检查而案发。

2022年2月21日，被告人石某某主动投案，归案后如实供述犯罪事实，在审查起诉及一审审理阶段认罪认罚。2022年8月16日，某食品公司与新沂市生态环境局达成生态环境损害赔偿协议，缴纳生态环境损害赔偿金人民币544136元。2022年8月16日至2022年12月16日间，某食品公司主动申请企业合规建设，积极整改落实，已经第三方监督评估小组

①最高院公报案例，网址：http://gongbao.court.gov.cn/Details/3854afc1c93152f8c4d42d21f5c530.html?sw=

验收合格。

某食品公司已完成企业合规不再追究刑事责任，一审法院采纳公诉机关的量刑建议对石某某适用缓刑。

二、企业合规整改情况及效果

首先，某食品公司符合适用企业合规的条件。某食品公司、被告人石某某在案发后均与检察机关签订认罪认罚具结书，某食品公司自 2010 年以来从事食品生产行业，生产经营稳定。某食品公司在案发后主动提交合规整改申请书。某食品公司不具有不应适用企业合规的情形。

其次，某食品公司完成了合规整改。某食品公司积极开展合规整改工作，制订合规计划并按照计划落实。在制度方面对企业内部监管机制存在不足进行整改，成立合规部，明确职责和权限，制定企业合规管理办法等，对本案犯罪事实中涉及的监测设备的管理维护、数据上传、安全防护等方面进行重点整改。整改方案及履行情况经第三方监督评估小组验收合格。

最后，某食品公司合规整改有效。一审法院会同相关单位经对某食品公司实地调查及座谈，均认为其合规工作具有必要性、可行性、全面性，某食品公司积极建立、实施、完善相关合规措施，更换水污染源自动监控设备维护的第三方运营公司，加强安全防范并主动接受环保部门监管，制作合规文化墙等；某食品公司还承诺在宣判后继续接受司法机关对其合规整改的检查及监督。某食品公司通过合规整改，消除了制度隐患、填补了管理漏洞，弥补了犯罪所造成的危害，取得了显著实效，有利于减少同类违法犯罪行为的发生，实现了企业诚信守法经营的法律效果和社会效果。

三、典型意义

污染环境犯罪中，符合企业合规改革适用案件范围和条件并完成有效合规整改的涉案企业和个人，以企业合规整改合格为由请求从宽处罚的，人民法院经审理认定涉案企业合规整改有效的，可以将合规整改合格作为酌定从宽处罚情节。

老河口市大通物流有限公司实际控制人肖某等伪造国家机关公文、证件、印章罪，伪造公司、企业印章罪案①

一、基本案情

2021 年 5 月，老河口市大通物流有限公司（以下简称老河口市大通公司）实际控制人肖某和员工陈某因伪造国家机关公文、证件、印章罪，伪造公司、企业印章罪，被起诉至湖北省谷城县人民法院（以下简称谷城法院）。肖某被羁押后，公司多个项目停滞，经营困难，员工失业。谷城法院受理该案后，立即启动涉企案件经济影响评估程序，实地走访、评估核查，最大限度降低司法措施对企业正常生产经营带来的影响。

2021 年 10 月，老河口市大通公司向法院和检察院递交《提请开展刑事合规监督考察的申请书》。2022 年 3 月，湖北省检察院批准对该企业启动合规监管，谷城法院裁定中止审理。

在两个月的考察期内，谷城法院联合检察院、第三方监管人，先后 7 次到该企业实地开展监督考察，并对第三方监管人进行全流程监督。针对企业板块经营混同、企业管理不规范、诚信经营观念不深入等 8 项具体问题逐项进行现场督导整改。同时通过线上会议指导涉案企业加强内部治理，筑起合规风险防火墙。在“第三方考察+法检联合督导”监管模式的

---

①湖北省谷城县人民法院（2021）鄂 0625 刑初 151 号；最高法发布人民法院依法保护民营企业产权和企业家权益典型案例。

监督指导下，该企业围绕合规风险点健全完善各类合规制度规范、工作流程共 14 项，并针对财务管理、重大事项决策、合规管理、税务管理等制度举办两次专题培训，对诚信建设、合规风控及问责、项目申报等重点岗位组织全员考试两次，有效完成了合规承诺和合规计划中的整改项目。

谷城法院综合考量二被告人的犯罪事实、情节、认罪悔罪态度、社会危害性及企业合规整改情况，最终判决对肖某、陈某免予刑事处罚。

二、社会影响

老河口市大通公司在当地属于支柱型民营企业。企业实际控制人因法律意识淡薄，授意员工伪造相关资料，违法获取 800 万元的物流补贴资金。案发后被告人积极主动全额退缴并投案，自愿认罪认罚。本案中，谷城法院联合检察院成功办理在审判阶段探索开展刑事涉案企业合规审查，这在湖北省尚属首例。人民法院通过合规整改、综合研判，最终判决被告人免予刑事处罚，在依法追究刑事责任的同时，给予涉案企业改过自新的机会，促进企业合规守法经营。涉案企业与多家知名企业建立合作关系，扩大了生产规模，为当地解决几百人的就业需求，年税收从 100 万元增长到 300 余万元。最终达到挽救企业、规范行业发展、保障经济有序运行的目的，实现企业犯罪的源头治理。同时，案件的成功办理也为推进刑事审判理念现代化，充分发挥人民法院的司法能动性提供了可复制可推广的经验做法。

三、典型意义

随着企业刑事合规改革的不断推进，审判环节企业合规也进入实质性实施阶段。本案是湖北省首例在审判阶段开展刑事企业合规性审查案件，对法院参与刑事合规有重要借鉴意义。一是法院核查研判、纾困解难。在依法追究刑事责任的同时，给予涉案企业改过自新的机会，促进企业合规守法经营，最终达到挽救企业、规范行业发展、保障经济有序运行的目的，实现企业犯罪的源头治理。二是法院能动司法、坚守底线。始终以事实为依据、以法律为准绳，及时转变办案理念，多次深入企业实地调查核实，向有关专家学者咨询请教，实现“办理一案、示范一片”。三是法检协同联动、凝聚合力。谷城法院与检察院首创性地会签了《关于涉案企业合规案件审理相关工作的意见》，就企业合规案件办理中的相关问题形成共识，明确了合规整改、第三方监督考察等办案程序，同时对案件请示汇报、听取意见建议等作出规定，为后续案件办理提供制度参考。

第四章　企业刑事合规相关政策汇编

最高人民法院关于优化法治环境促进民营经济发展壮大的指导意见

为深入贯彻落实《中共中央、国务院关于促进民营经济发展壮大的意见》，充分发挥人民法院职能作用，全面强化民营经济发展法治保障，持续优化民营经济发展法治环境，结合人民法院审判执行工作实际，提出如下意见。

一、总体要求

坚持以习近平新时代中国特色社会主义思想为指导，深入学习贯彻习近平法治思想，坚决贯彻落实党中央决策部署，坚持“两个毫不动摇”，围绕加快营造市场化、法治化、国际化一流营商环境，找准把握法治保障民营经济发展壮大的结合点和着力点，以高质量审判服务高质量发展。坚持全面贯彻依法平等保护原则，加强对各种所有制经济的平等保护，将确保各类市场主体享有平等的诉讼地位、诉讼权利贯彻到立案、审判、执行全过程各方面，运用法治方式促进民营经济做大做优做强。坚持能动司法理念，围绕“公正与效率”工作主题，依法稳慎审理涉民营企业案件，强化促进民营经济发展壮大的司法政策措施供给，在持续优化民营经济发展法治环境中做实为大局服务、为人民司法。

二、依法保护民营企业产权和企业家合法权益

1. 加强对民营企业产权和企业家合法财产权的保护。依法认定财产权属，加强对民营经济主体的物权、债权、股权、知识产权等合法财产权益的保护。研究制订司法解释，依法加大对民营企业工作人员职务侵占、挪用资金、行贿受贿、背信等腐败行为的惩处力度，加大追赃挽损力度。强化涉企产权案件申诉、再审工作，健全冤错案件有效防范和依法甄别纠正机制。民营企业和企业家因国家机关及其工作人员行使职权侵害其合法权益，依据国家赔偿法申请国家赔偿的，人民法院依法予以支持。

2. 依法保障民营企业和企业家人格权。加强对民营企业名誉权和企业家人身自由、人格尊严以及个人信息、隐私权等人格权益的司法保护，充分发挥人格权侵害禁令制度功能，及时制止侵害人格权的违法行为。依法惩治故意误导公众、刻意吸引眼球的极端言论行为，推动营造有利于民营经济发展的舆论环境、法治环境。对利用互联网、自媒体、出版物等传播渠道，以侮辱、诽谤或者其他方式对民营企业和企业家进行诋毁、贬损和丑化等侵犯名誉权行为，应当依法判令侵权行为人承担相应的民事责任；因名誉权受到侵害致使企业生产、经营、销售等遭受实际损失的，应当依法判令行为人承担赔偿责任；因编造、传播虚假信息或者误导性信息扰乱企业发行的股票、债券市场交易秩序，给投资者造成损失的，应当依法判令行为人承担赔偿责任。构成犯罪的，依法追究刑事责任。

3. 严格区分经济纠纷与违法犯罪。严格落实罪刑法定、疑罪从无等刑法原则，全面贯彻宽严相济刑事政策，该严则严，当宽则宽。依法认定民营企业正当融资与非法集资、合同纠纷与合同诈骗、参与兼并重组与恶意侵占国有资产等罪与非罪的界限，严格区分经济纠纷、行政违法与刑事犯罪，坚决防止和纠正利用行政或者刑事手段干预经济纠纷，坚决防止和纠正地方保护主义，坚决防止和纠正把经济纠纷认定为刑事犯罪、把民事责

任认定为刑事责任。

严格规范采取刑事强制措施的法律程序，切实保障民营企业家的诉讼权利。对被告人采取限制或剥夺人身自由的强制措施时，应当综合考虑被诉犯罪事实、被告人主观恶性、悔罪表现等情况、可能判处的刑罚和有无再危害社会的危险等因素；措施不当的，人民法院应当依法及时撤销或者变更。对涉案财产采取强制措施时，应当加强财产甄别，严格区分违法所得与合法财产、涉案人员个人财产与家庭成员财产等，对与案件无关的财物，应当依法及时解除；对于经营性涉案财物，在保证案件审理的情况下，一般应当允许有关当事人继续合理使用，最大限度减少因案件办理对企业正常办公和生产经营的影响；对于依法不应交由涉案企业保管使用的财物，查封扣押部门要采取合理的保管保值措施，防止财产价值贬损。

4. 深入推进涉案企业合规改革。坚持治罪与治理并重，对于依法可判处缓刑、免于刑事处罚的民营企业，与检察机关共同做好涉案企业刑事合规改革，充分利用第三方合规监管机制，确保合规整改落到实处，从源头预防和减少企业重新违法犯罪。积极延伸司法职能，在民商事、行政、执行过程中引导企业守法合规经营，强化防范法律风险、商业风险意识，推进民营企业在法治轨道上健康发展。

5. 健全涉案财物追缴处置机制。对于被告人的合法财产以及与犯罪活动无关的财产及其孳息，符合返还条件的，应当及时返还。涉案财物已被用于清偿合法债务、转让或者设置其他权利负担，善意案外人通过正常的市场交易、支付了合理对价，并实际取得相应权利的，不得追缴或者没收。对于通过违法犯罪活动聚敛、获取的财产形成的投资权益，应当对该投资权益依法进行处置，不得直接追缴投入的财产。

进一步畅通权益救济渠道，被告人或案外人对查封、扣押、冻结的财物及其孳息提出权属异议的，人民法院应当听取意见，必要时可以通知案外人出庭。被告人或案外人以生效裁判侵害其合法财产权益或对是否属于赃款赃物认定错误为由提出申诉的，人民法院应当及时受理审查，确有错误的，应予纠正。

三、维护统一公平诚信的市场竞争环境

6. 依法保障市场准入的统一。依法审理涉及要素配置和市场准入的各类纠纷案件，按照“非禁即入”原则依法认定合同效力，加强市场准入负面清单、涉企优惠政策目录清单等行政规范性文件的附带审查，破除区域壁垒和地方保护，遏制滥用行政权力排除、限制竞争行为，促进市场主体、要素资源、规则秩序的平等统一。

7. 依法打击垄断和不正当竞争行为。完善竞争案件裁判规则，研究出台反垄断民事诉讼司法解释。依法严惩强制“二选一”、大数据杀熟、低价倾销、强制搭售等破坏公平竞争、扰乱市场秩序行为，引导平台经济向开放、创新、赋能方向发展。依法审理虚假宣传、商业诋毁等不正当竞争纠纷案件，保障和促进民营企业品牌建设。强化商业秘密司法保护，处理好保护商业秘密与自由择业、竞业限制和人才合理流动的关系，在依法保护商业秘密的同时，维护就业创业合法权益。

8. 保护民营企业创新创造。完善算法、商业方法、文化创意等知识产权司法保护规则，促进新经济新业态健康发展。加强民营企业科研人员和科创成果司法保护，依法保护民营企业及其科研人员合法权益，激发原始创新活力和创造潜能。依法运用行为保全等临时措施，积极适用举证妨碍排除规则，保障民营企业和企业家依法维权。依法严惩侵犯知识产权犯罪，正确把握民事纠纷和刑事犯罪界限，对于当事人存有一定合作基础、主观恶性不大的案件，依法稳慎确定案件性质。

9. 加大知识产权保护力度。持续严厉打击商标攀附、仿冒搭车等恶意囤积和恶意抢注行为，依法保护民营企业的品牌利益和市场形象。当事人违反诚信原则，恶意取得、行使权利并主张他人侵权的，依法判决驳回其

诉讼请求。被告举证证明原告滥用权利起诉损害其合法权益，请求原告赔偿合理诉讼开支的，依法予以支持。严格落实知识产权侵权惩罚性赔偿制度，坚持侵权代价与其主观恶性和行为危害性相适应，对以侵权为业、获利巨大、危害国家安全、公共利益或者人身健康等情节严重的故意侵权，依法加大赔偿力度。推动知识产权法院审理知识产权刑事案件。推动优化调整知识产权法院管辖案件类型，完善知识产权案件繁简分流机制。

10. 依法遏制恶意“维权”行为。既要依法保护消费者维权行为，发挥公众和舆论监督作用，助力提升食品药品安全治理水平，又要完善对恶意中伤生产经营者、扰乱正常市场秩序行为的认定和惩处制度。对当事人一方通过私藏食品、私放过期食品、伪造或者抹去标签内容等方式恶意制造企业违法生产经营食品、药品虚假事实，恶意举报、恶意索赔，敲诈勒索等构成违法犯罪的，依法予以严惩。

11. 依法严厉惩治虚假诉讼。充分利用信息技术手段，加强对虚假诉讼的甄别、审查和惩治，依法打击通过虚假诉讼逃废债、侵害民营企业和企业家合法权益的行为。当事人一方恶意利用诉讼打击竞争企业，破坏企业和企业家商誉信誉，谋取不正当利益的，依法驳回其诉讼请求；对方反诉请求损害赔偿的，依法予以支持。依法加大虚假诉讼的违法犯罪成本，对虚假诉讼的参与人，依法采取罚款、拘留等民事强制措施，构成犯罪的，依法追究刑事责任。

12. 弘扬诚实守信经营的法治文化。依法审理因“新官不理旧账”等违法失信行为引发的合同纠纷，政府机关、国有企业、事业单位因负责人、承办人变动拒绝履行生效合同义务的，应当依法判令其承担相应的违约责任，依法维护民营企业经营发展的诚信环境。综合运用债的保全制度、股东出资责任、法人人格否认以及破产撤销权等相关制度，依法惩治逃废债务行为。充分发挥司法裁判评价、指引、示范、教育功能作用，加大法治宣传力度，通过发布典型案例等方式促进提高企业家依法维权意识和能力，积极引导企业家在经营活动中遵纪守法、诚实守信、公平竞争，积极履行社会责任，大力培育和弘扬企业家精神。

13. 支持民营企业市场化重整。坚持市场化、法治化原则，完善企业重整识别机制，依托“府院联动”，依法拯救陷入财务困境但有挽救价值的民营企业。引导民营企业充分利用破产重整、和解程序中的中止执行、停止计息、集中管辖等制度功能，及时保全企业财产、阻止债务膨胀，通过公平清理债务获得重生。推进破产配套制度完善，提升市场化重整效益。

14. 营造鼓励创业、宽容失败的创业氛围。不断完善保护和鼓励返乡创业的司法政策，为民营企业在全面推进乡村振兴中大显身手创造良好法治环境。采取发布典型案例、以案说法等方式引导社会公众对破产现象的正确认知，积极营造鼓励创业、宽容失败的创业氛围。完善民营企业市场退出机制，便利产能落后、经营困难、资不抵债的民营企业依法有序退出市场，助力市场要素资源的重新配置。积极推动建立专门的小微企业破产程序和个人债务集中清理制度，探索在破产程序中一体解决企业家为企业债务提供担保问题，有效化解民营企业债务链条，助力“诚实而不幸”的民营企业家东山再起，重新创业。

15. 推动健全监管执法体系。监督支持行政机关强化统一市场监管执法，依法审理市场监管领域政府信息公开案件，修改完善办理政府信息公开案件司法解释，促进行政机关严格依照法定权限和程序公开市场监管规则。依法审理涉市场监管自由裁量、授权委托监管执法、跨行政区域联合执法等行政纠纷案件，监督行政机关遵守妥当性、适当性和比例原则合理行政，以过罚相当的监管措施落实教育与处罚相结合原则。加强与检察机关协作，通过审理行政公益诉讼案件、提出司法建议等方式，共同推动市场监管部门健全权责清晰、分工明确、运行顺畅的监管体系。

四、运用法治方式促进民营企业发展和治理

16. 助力拓宽民营企业融资渠道降低融资成本。依法推动供应链金融健康发展，有效拓宽中小微民营企业融资渠道。对中小微民营企业结合自身财产特点设定的融资担保措施持更加包容的司法态度，依法认定生产设备等动产担保以及所有权保留、融资租赁、保理等非典型担保合同效力和物权效力；对符合法律规定的仓单、提单、汇票、应收账款、知识产权、新类型生态资源权益等权利质押以及保兑仓交易，依法认定其有效。严格落实民法典关于禁止高利放贷的规定，降低民营企业的融资成本，依法规制民间借贷市场“砍头息”、“高息转本”等乱象，金融机构和地方金融组织向企业收取的利息和费用违反监管政策的，诉讼中依法不予支持。

17. 依法保障民营企业人才和用工需求。妥善审理民营企业劳动争议案件，既要鼓励人才的合理流动，也要维护民营企业的正常科研和生产秩序，依法确认民营企业为吸引人才在劳动合同中约定股权激励、年薪制等条款的法律效力。依法规范劳动者解除劳动合同的行为，加大调解力度，引导民营企业与劳动者协商共事、机制共建、效益共创、利益共享，构建和谐劳动关系。

依法保障灵活就业和新就业形态劳动者权益，依法支持劳动者依托互联网平台就业，支持用人单位依法依规灵活用工，实现平台经济良性发展与劳动者权益保护互促共进。畅通仲裁诉讼衔接程序，完善多元解纷机制，依法为新就业形态劳动者提供更加便捷、优质高效的解纷服务。

18. 推动完善民营企业治理结构。严守法人财产独立原则，规范股东行为，依法追究控股股东、实际控制人实施关联交易“掏空”企业、非经营性占用企业资金、违规担保向企业转嫁风险等滥用支配地位行为的法律责任，依法维护股东与公司之间财产相互独立、责任相互分离、产权结构明晰的现代企业产权结构。对股东之间的纠纷，在尊重公司自治的同时，

积极以司法手段矫正公司治理僵局，防止内部治理失序拖垮企业生产经营，损害股东和社会利益。

以法治手段破解“代理成本”问题，依法追究民营企业董事、监事、高管违规关联交易、谋取公司商业机会、开展同业竞争等违背忠实义务行为的法律责任，细化勤勉义务的司法认定标准，推动构建企业内部处分、民事赔偿和刑事惩治等多重责任并举的立体追责体系，提高“内部人控制”的违法犯罪成本，维护股东所有权与企业经营权分离的现代企业管理制度。

19. 促进民营企业绿色低碳发展。依法保护合同能源管理节能服务企业、温室气体排放报告技术服务机构等市场主体的合法权益，保障民营企业积极参与推进碳达峰碳中和目标任务。创新惠企纾困司法举措，兼顾当事人意思自治、产业政策和碳排放强度、碳排放总量双控要求，依法明晰交易主体权责，有效化解涉产能置换纠纷案件，助力民营企业有序开展节能降碳技术改造。

20. 助力民营企业积极参与共建“一带一路”。健全“一带一路”国际商事纠纷多元化解决机制，推动最高人民法院国际商事法庭高质量发展，充分发挥国际商事专家委员会作用，进一步深化诉讼、仲裁、调解相互衔接的“一站式”国际商事争端解决机制建设，打造国际商事争端解决优选地，为民营企业“走出去”提供强有力的司法保障。

五、持续提升司法审判保障质效

21. 强化能动司法履职。落实落细抓前端治未病、双赢多赢共赢、案结事了政通人和等司法理念，努力实现涉民营企业案件办理政治效果、社会效果、法律效果有机统一，同时坚持办理与治理并重，积极融入社会治理、市场治理、企业治理，切实增强司法保障民营经济发展壮大的主动性实效性。充分发挥司法定分止争作用，增强实质性化解涉民营企业矛盾纠纷的成效，坚决防止因“程序空转”而加重民营企业诉累。及时总结涉民营企业案件暴露出来的政策落实、行业监管、公司治理等问题，推动建立健全民营企业风险评估和预警机制，积极运用府院联动等机制，充分发挥司法建议作用，促进从源头上预防和解决问题，形成促进民营经济发展壮大的工作合力。充分运用审判质量管理指标体系及配套机制，强化对涉民营企业案件审理的管理调度，持续提升司法审判保障质效。

22. 公正高效办理民刑行交叉案件。不断完善人民法院内部工作机制，统一法律适用，妥善办理涉民营企业的民商事纠纷、行政违法和刑事犯罪交叉案件。积极推动建立和完善人民法院与公安机关、检察机关之间沟通协调机制，解决多头查封、重复查封、相互掣肘等问题，促进案件公正高效办理。

依法受理刑民交叉案件，健全刑事案件线索移送工作机制。如刑事案件与民事案件非“同一事实”，民事案件与刑事案件应分别审理；民事案件无需以刑事案件裁判结果为依据的，不得以刑事案件正在侦查或者尚未审结为由拖延民事诉讼；如果民事案件必须以刑事案件的审理结果为依据，在中止诉讼期间，应当加强工作交流，共同推进案件审理进展，及时有效保护民营经济主体合法权益。

23. 完善拖欠账款常态化预防和清理机制。完善党委领导、多方协作、法院主办的执行工作协调联动机制，依法督促政府机关、事业单位、国有企业及时支付民营企业款项，大型企业及时支付中小微企业款项，及时化解民营企业之间相互拖欠账款问题。严厉打击失信被执行人通过多头开户、关联交易、变更法定代表人等方式规避执行的行为，确保企业及时收回账款。

将拖欠中小微企业账款案件纳入办理拖欠农民工工资案件的快立快审快执“绿色通道”，确保农民工就业比较集中的中小微企业及时回笼账款，及时发放农民工工资。与相关部门协同治理，加大对机关、事业单位拖欠民营企业账款的清理力度，符合纳入失信被执行人名单情形的，依法予以纳入，并将失信信息纳入全国信用信息共享平台。加大平安建设中相关执行工作考评力度，促推执行工作更加有力、有效，及时兑现中小微企业胜诉权益。

24. 严禁超权限、超范围、超数额、超时限查封扣押冻结财产。严格规范财产保全、行为保全程序，依法审查保全申请的合法性和必要性，防止当事人恶意利用保全手段侵害企业正常生产经营。因错误实施保全措施致使当事人或者利害关系人、案外人等财产权利受到侵害的，应当依法及时解除或变更，依法支持当事人因保全措施不当提起的损害赔偿请求。

25. 强化善意文明执行。依法灵活采取查封措施，有效释放被查封财产使用价值和融资功能。在能够实现保全目的的情况下，人民法院应当选择对生产经营活动影响较小的方式。对不宜查封扣押冻结的经营性涉案财物，采取强制措施可能会延误企业生产经营、甚至造成企业停工的，应严格审查执行措施的合法性和必要性。被申请人提供担保请求解除保全措施，经审查认为担保充分有效的，应当裁定准许。

在依法保障胜诉债权人权益实现的同时，最大限度减少对被执行企业权益的影响，严格区分失信与丧失履行能力，对丧失履行能力的，只能采取限制消费措施，不得纳入失信名单。决定纳入失信名单或者采取限制消费措施的，可以给予其一至三个月宽限期，对于信用良好的，应当给予其宽限期，宽限期内暂不发布其失信或者限制消费信息。加快修订相关司法解释，建立健全失信被执行人分类分级惩戒制度及信用修复机制。

26. 高效率低成本实现企业合法权益。充分考虑中小微民营企业抗风险能力弱的特点，建立小额债权纠纷快速审理机制，切实提升案件审判效率。通过合理确定保全担保数额、引入保全责任险担保等方式，降低中小微民营企业诉讼保全成本。进一步规范审限管理，全面排查梳理违规延长审限、不当扣除审限的行为，切实防止因诉讼拖延影响民营企业生产经营。加强诉讼引导和释明，对当事人依法提出的调查收集、保全证据的申请，应当及时采取措施；对审理案件需要的证据，应当在充分发挥举证责任功能的基础上，依职权调查收集，切实查清案件事实，防止一些中小微民营企业在市场交易中的弱势地位转化为诉讼中的不利地位，实现实体公正与程序公正相统一。

27. 深化涉民营企业解纷机制建设。持续优化诉讼服务质效，为民营企业提供优质的网上立案、跨域立案、在线鉴定、在线保全等诉讼服务，切实为涉诉企业提供便利。尊重当事人的仲裁约定，依法认定仲裁协议效力，支持民营企业选择仲裁机制解决纠纷。完善仲裁司法审查制度，在统一、严格司法审查标准基础上，营造仲裁友好型的司法环境。坚持和发展新时代“枫桥经验”，坚持把非诉讼纠纷解决机制挺在前面，充分发挥多元解纷效能，加强与相关单位协作配合，依法支持引导相关主体构建协会内和平台内的纠纷解决机制，为民营企业提供低成本、多样化、集约式纠纷解决方式。深化与工商联的沟通联系机制，畅通工商联依法反映民营企业维权诉求渠道。保障商会调解培育培优行动，优化拓展民营企业维权渠道，不断提升民营经济矛盾纠纷多元化解能力水平。

六、加强组织实施

各级人民法院要把强化民营经济法治保障作为重大政治任务，加强组织领导和推进实施，及时研究解决工作落实中的新情况新问题。最高人民法院各审判业务部门要加强条线指导，各地法院要结合本地区经济社会发展实际，细化完善保障措施，确保务实管用见效。要强化对已出台司法政策措施的督促落实，及时听取社会各方面特别是工商联、民营企业家等意见建议，以问题为导向做好整改完善工作。要认真总结人民法院保障民营经济发展的好经验好做法，做好总结、宣传、推广，为民营经济发展壮大营造更加良好的舆论和法治氛围。

最高人民检察院关于全面履行检察职能推动民营经济发展壮大的意见

为深入学习贯彻习近平新时代中国特色社会主义思想，全面贯彻习近平经济思想和习近平法治思想，贯彻落实党的二十大精神和《中共中央国务院关于促进民营经济发展壮大的意见》（以下简称《意见》），现就充分发挥检察职能作用，服务和保障民营经济发展壮大，以检察工作现代化更好服务中国式现代化提出以下意见。

一、提高政治站位，增强服务保障民营经济发展壮大的责任感和使命感

1. 深刻认识促进民营经济发展壮大的重要意义。民营经济是推进中国式现代化的生力军，是高质量发展的重要基础，是推动我国全面建成社会主义现代化强国、实现第二个百年奋斗目标的重要力量。《意见》的出台，对促进民营经济发展壮大作出了新的重大部署，充分体现了以习近平同志为核心的党中央对民营经济的高度重视和对民营经济人士的深切关怀。各级检察机关要把思想和行动统一到党中央重大决策部署上来，深刻认识《意见》的重大意义，切实增强服务保障民营经济发展壮大的责任感和使命感。要自觉围绕中心、服务大局，全面履行刑事检察、民事检察、行政检察和公益诉讼检察等各项职能，为各类市场主体高质量发展创造稳定、透明、规范、可预期的法治环境。

2. 坚持依法平等保护原则。全面贯彻落实使各种所有制经济依法平等使用生产要素、公平参与市场竞争、同等受到法律保护的要求，坚持对各类市场主体、各类所有制企业一视同仁对待、依法平等保护，确保其诉讼

地位平等、诉讼权利平等、法律保护平等，全面保护各类所有制企业产权和企业家人身权、财产权，不得因主体不同而区别对待或者选择性执法司法。要立足法律监督职能，合力营造权利平等、机会平等、规则平等的发展环境，充分激发民营经济生机活力。

3. 坚持宽严相济刑事政策。办理涉民营企业刑事案件，要做到依法该严则严、当宽则宽、宽严相济、罚当其罪，切实防止片面注重“严”或者片面强调“宽”的倾向。对认罪认罚、主观恶性不大、犯罪情节轻微的涉民营企业刑事案件依法从宽处理的同时，依法从严打击主观恶性大、严重侵害国家、集体和他人利益、破坏市场环境的犯罪。要注意结合形势发展变化，全面准确把握涉民营企业刑事案件中从严和从宽的政策导向。

4. 坚持高质效检察履职办案。要坚持高质效办好每一个涉民营企业案件，做到检察办案质量、效率、效果有机统一于公平正义。要时刻绷紧“严格依法”这根弦，严格遵循法律规定和法的精神，恪守职能边界，协力建设权责法定、执法严明、司法公正、守法诚信的法治化营商环境，推动实现国家治理现代化。

二、全面履行检察职能，更好为民营经济发展壮大提供法治保障

5. 持续做优刑事检察，依法惩治影响民营经济健康发展的相关犯罪。重点打击侵犯民营企业合法权益的非法高利放贷、欺行霸市、强买强卖等涉黑恶犯罪，依法惩治金融诈骗、合同诈骗、串通投标等扰乱市场秩序犯罪，维护公平竞争市场环境。依法惩治国家工作人员利用市场准入、金融监管、招商引资、项目审批、土地征用、财税补贴等职务便利实施的索贿受贿犯罪，坚决打击各类商业贿赂的行为，推进受贿行贿一起查，推动全面构建亲清政商关系。加大检察侦查工作力度，依法侦办司法工作人员滥用职权、徇私枉法、枉法裁判等损害民营企业合法权益的职务犯罪案件。

6. 坚持标本兼治，依法惩治和预防民营企业内部人员侵害企业合法权益犯罪。依法惩治民营企业内部人员，特别是民营企业高管、财务、采购、销售、技术等关键岗位人员实施的职务侵占、挪用资金、非国家工作人员受贿以及背信损害上市公司利益等侵害企业利益犯罪。注意结合案件办理，帮助民营企业去疴除弊、完善内部治理，营造诚信廉洁的企业文化氛围。及时出台相关司法解释，对司法实践中办理民营企业内部人员相关犯罪案件的法律适用、定罪量刑标准、法定从宽从严情形的认定、此罪与彼罪的界限以及宽严相济刑事政策的把握等问题予以明确，统一司法标准。

7. 精准开展民事检察监督，保障民营经济规范健康持续发展。加强涉民营经济案件的民事检察监督，强化对守约诚信行为的保护力度，稳定投资人预期，保障交易安全。依法惩治虚假诉讼行为，纠正错误生效裁判、调解，维护司法公正和权威。强化民事执行活动监督工作，最大限度减少对涉案企业不利影响。坚持和发展新时代“枫桥经验”，加强与人民法院、行业商会等部门机构的沟通，注重发挥民事检察和解的功能作用，加强涉民营企业经济案件预防和化解矛盾工作。

8. 强化行政检察监督，助力支持民营经济发展壮大政策落地。加强涉市场主体行政诉讼监督，依法加大对行政诉讼中涉及的“多头执法”“重复处罚”“同案不同罚”“滥用自由裁量权”等行政违法行为监督力度，保障民营企业财产权和经营权。强化对履行诉讼监督职责中发现的行政机关以行政手段插手民事经济纠纷、违法行使职权或者不行使职权，损害民营企业合法权益行为的监督。加强涉民营企业行政诉讼案件行政争议实质性化解工作，为民营经济发展排忧解困。

9. 深入推进公益诉讼检察，推动落实公平竞争政策制度。立足检察公益诉讼制度定位，聚焦违背公共政策功能和目的、违法违规套取、骗取、截留、挪用各类助企惠民补贴等情形强化监督，切实维护国家利益和社会公共利益。在办理生态环境和资源保护、食品药品安全、国土国财、安全生产等领域涉企检察公益诉讼案件中，以监督促治理，推动企业依法合规经营。积极探索网络治理领域检察公益诉讼办案，监督纠正利用蓄意炒作、造谣抹黑民营企业和民营企业家，损害社会公共利益的违法行为。依法办理反垄断等领域公益诉讼案件，推动健全公平竞争制度框架和政策实施机制。

10. 加强知识产权检察综合履职，推动完善知识产权保护体系。建立健全知识产权刑事、民事、行政、公益诉讼检察综合履职机制，推动构建知识产权大保护格局。依法打击影响企业创新发展的侵犯企业知识产权犯罪，加大对民营中小微企业原始创新保护力度，加强商业秘密保护，服务保障高水平科技自立自强。加强涉民营企业知识产权民事、行政诉讼监督。聚焦人民群众反映强烈、社会舆论关注的侵权假冒多发领域，加大对假冒注册商标、专利等侵犯知识产权犯罪的打击力度。

三、完善法律监督方式方法，促进优化民营经济发展环境

11. 加强立案监督和侦查活动监督，防止和纠正利用刑事手段干预经济纠纷。依照有关法律规定、司法解释，对依法该立不立的或者不该立而立的刑事案件，加大立案监督力度。对既不依法推进诉讼程序，又不及时依法撤销案件的涉企“挂案”，常态化开展清理工作，消化存量，杜绝增量，精准监督，推动建立长效机制。充分发挥侦查监督与协作配合机制作用，探索建立办理重大涉民营企业犯罪案件适时介入侦查工作机制，不断提升指控、证明犯罪的能力和水平。依法受理并及时审查对涉产权强制措施的申诉、控告，防止和纠正侦查机关超权限、超范围、超数额、超时限查封扣押冻结财产。

12. 准确把握审查逮捕和审查起诉条件，提升办理涉民营企业刑事案件的效果。准确把握逮捕的证据条件、刑罚条件和社会危险性条件，对符

合逮捕条件确有逮捕必要的依法批准逮捕，并及时开展羁押必要性审查；对于不符合逮捕条件，没有逮捕必要的，依法及时作出不批准逮捕决定。依法准确适用起诉和不起诉，用好不起诉裁量权，综合案件具体情况和公共利益考量等因素，审查判断起诉必要性，既要防止“构罪即诉”“一诉了之”，又要防止“一律从宽”“一放了之”。

13. 加强刑事审判和刑事执行监督，更好地维护涉案民营企业及其工作人员合法权益。加强对涉民营企业刑事审判活动的监督，重点监督纠正在认定事实、采信证据、适用法律方面确有错误的案件。加强对刑事执行活动的监督，依法纠正非法处置被执行人或者案外人财产等违法情形，依法保障涉民营企业服刑人员在服刑期间的申诉权以及相关民事权利。准确把握涉企服刑人员假释条件，符合条件的依法建议适用假释。会同司法行政机关研究落实具体措施，依法为接受社区矫正的民营企业人员从事相关生产经营活动提供必要便利条件。

14. 强化行政执法与刑事司法双向衔接，形成保护民营经济工作合力。加强与行政机关、执法司法机关协作配合，推动开放数据接口、实现数据共享共用。加强跨地区、跨部门执法司法协作与联动机制建设，完善线索通报、信息共享、证据移送、案件协调等协作机制，防止执法司法地方保护主义倾向。做实行政处罚和刑事处罚衔接机制，健全检察机关对被不起诉人依法移送有关主管机关给予行政处罚、政务处分或者其他处分的制度。

15. 深化规范涉案企业合规改革，推动民营企业合规守法经营。要牢记“国之大者”，继续积极、稳妥、有序推进涉案企业合规改革，全面提升办案质效，为推动建立中国特色现代企业合规制度提供有价值的实践样本。坚持合规整改不限于检察环节、检察工作，会同有关部门在侦查、审判、执行等环节探索合规整改刑事诉讼“全流程适用”。以涉案企业合规为立足点和发力点，探索建立合规整改行刑互认机制，指导支持民营企业防范应对涉外法律风险等外部挑战，促进合规守法经营成为民营企业的自觉遵循。

16. 完善涉企案件申诉等机制，更好维护民营企业合法权益。充分利用 12309 检察服务中心民营企业法律服务“绿色通道”和中国检察网“非公经济司法保护专区”，依法受理涉民营经济的各类控告申诉案件，为民营企业及民营企业家寻求法律咨询、司法救济等提供更加便捷高效的服务。对申请立案监督、申请羁押必要性审查、申请财产措施监督、申请超期办案监督、提出刑事申诉等重点案件，采取报备审查、交办督办等方式依法办理，切实维护民营企业及民营企业家合法权益。健全涉案财物追缴处置机制，督促引导行为人退赃退赔，积极帮助被害企业挽回损失。

17. 优化办案方式方法，最大限度减少对合法生产经营影响。深入实施数字检察战略，深化检察大数据法律监督平台建设和应用，深度挖掘内外部案件数据，主动发现涉民营企业高发、多发案件类型和监督线索，实现“个案办理-类案监督-系统治理”效果。坚持严格“依法”与做实“平等”并重，采取强制措施、强制性侦查措施与维护民营企业正常经营秩序、合法权益并重，打击经济犯罪、职务犯罪与依法帮助民营企业挽回和减少经济损失并重。对于办理的涉及民营企业经营管理者和关键岗位工作人员的犯罪案件，主动加强与有关部门沟通协调，帮助涉案民营企业做好生产经营衔接工作。在自行补充侦查过程中，最大限度保障企业正常办公和合法生产经营。

四、准确把握法律政策界限，确保实现“三个效果”有机统一

18. 严格区分罪与非罪的界限。对民营企业生产、经营、融资过程中涉嫌违法犯罪的，要从经济安全、公共利益、市场秩序等方面全面、准确、合理认定社会危害性，综合考虑政策调整、经营不善、市场风险等市场主体意志以外的因素。要严格区分经济纠纷与经济犯罪的界限、行政违法与刑事犯罪的界限、改革探索出现偏差与钻改革空子实施犯罪的界限、

合法经营收入与违法犯罪所得的界限、正当融资行为与违法犯罪的界限、单位犯罪与个人犯罪的界限、不正当经济活动与违法犯罪的界限。对于法律政策界限不明，罪与非罪、罪与错界限不清的，要加强研究分析，注意听取有关方面的意见，依法慎重妥善处理。

19. 严格把握涉生产经营类犯罪的认定标准。要准确认定合同诈骗罪主客观方面，既要严格审查行为人是否具有虚构事实、隐瞒真相的行为，是否属于刑法规定的法定情形，又要注重从项目真实性、履约能力、履约行为表现、未履约原因等因素判断行为人主观上是否具有非法占有目的。要依法准确适用非法经营罪，对民营企业的经营行为，法律和司法解释没有作出明确禁止性规定的，应当作为法律适用问题，逐级向最高人民检察院请示。对民营企业为开展正常经营活动而给付“回扣”“好处费”行为，既要在法律允许范围内讲政策、给出路，又要防止片面强调保护企业经营而放纵犯罪。

20. 准确把握民营企业多发犯罪的认定标准。针对司法实践中民营企业常见多发的非法集资类、贷款类、涉税类等犯罪，要依照法律和司法解释规定，坚持罪刑法定原则、主客观相一致原则和罪责刑相适应原则，注重实质判断和全面判断，综合考虑企业的实际生产经营状况、行为人主观上是否具有非法占有目的、客观上是否造成重大损失以及资金流向、行为手段是否异常等因素，客观评价行为的社会危害性和刑罚必要性，准确定性处理。

五、加强组织领导，提升服务保障民营经济高质量发展能力水平

21. 加强组织领导，建立工作机制。各级检察机关要把发挥检察职能，服务保障民营经济发展壮大作为当前和今后一项重要任务，切实加强领导，狠抓落实，建立健全依法平等保护各类市场主体的长效机制，积极依靠党委领导、争取政府支持，加强同公安机关、人民法院等部门协调配

合，落实“两院”工作交流会商机制，注重发挥工商联等部门作用，形成工作合力。上级检察机关要深入研究分析助力民营经济发展壮大中遇到的新情况新问题，加强对下指导，及时出台具体措施，总结推广典型经验。下级检察机关对于在办理涉民营企业犯罪案件过程中遇到的困难和问题，应当及时向上级请示报告，必要时层报最高人民检察院。

22. 积极开展诉源治理。各级检察机关要结合司法办案，对反映出的涉案企业内部管理问题，鼓励、引导民营企业加强自身合规建设，促进民营企业健康发展，促进民营企业家健康成长。实现惩治与保护并重，治罪与治理并举。针对案件中暴露出的民营企业行业发展面临的共性治理问题，通过制发检察建议等方式，助推行业治理、系统治理，并强化检察建议的跟进落实，有效促进行业规范发展，推动实现源头治理。

23. 加强宣传教育，营造良好氛围。各级检察机关要大力宣传保障和促进民营经济发展的新举措新成效。对于查办民营企业及从业人员案件引发的舆情，要及时回应关切，加强舆情收集、分析、研判，及时快速应对，正面引导疏解。要认真落实“谁执法谁普法”的普法责任制，充分利用检察机关新媒体平台，积极开展法律普及教育。通过发布涉民营企业指导性案例、典型案例，举办“检察开放日”等活动，加大以案释法力度，引导民营企业内部人员增强法治意识、廉洁意识、底线意识，推动建设法治民营企业、清廉民营企业。

关于建立涉案企业合规第三方监督评估机制的指导意见（试行）

为贯彻落实习近平总书记重要讲话精神和党中央重大决策部署，在依法推进企业合规改革试点工作中建立健全涉案企业合规第三方监督评估机制，有效惩治预防企业违法犯罪，服务保障经济社会高质量发展，助力推进国家治理体系和治理能力现代化，根据刑法、刑事诉讼法等法律法规及相关政策精神，制定本指导意见。

第一章　总　则

第一条　涉案企业合规第三方监督评估机制（以下简称第三方机制），是指人民检察院在办理涉企犯罪案件时，对符合企业合规改革试点适用条件的，交由第三方监督评估机制管理委员会（以下简称第三方机制管委会）选任组成的第三方监督评估组织（以下简称第三方组织），对涉案企业的合规承诺进行调查、评估、监督和考察。考察结果作为人民检察院依法处理案件的重要参考。

第二条　第三方机制的建立和运行，应当遵循依法有序、公开公正、平等保护、标本兼治的原则。

第三条　第三方机制适用于公司、企业等市场主体在生产经营活动中涉及的经济犯罪、职务犯罪等案件，既包括公司、企业等实施的单位犯罪案件，也包括公司、企业实际控制人、经营管理人员、关键技术人员等实施的与生产经营活动密切相关的犯罪案件。

第四条　对于同时符合下列条件的涉企犯罪案件，试点地区人民检察院可以根据案件情况适用本指导意见：

（一）涉案企业、个人认罪认罚；

（二）涉案企业能够正常生产经营，承诺建立或者完善企业合规制度，具备启动第三方机制的基本条件；

（三）涉案企业自愿适用第三方机制。

第五条　对于具有下列情形之一的涉企犯罪案件，不适用企业合规试点以及第三方机制：

（一）个人为进行违法犯罪活动而设立公司、企业的；

（二）公司、企业设立后以实施犯罪为主要活动的；

（三）公司、企业人员盗用单位名义实施犯罪的；

（四）涉嫌危害国家安全犯罪、恐怖活动犯罪的；

（五）其他不宜适用的情形。

第二章　第三方机制管委会的组成和职责

第六条　最高人民检察院、国务院国有资产监督管理委员会、财政部、全国工商联会同司法部、生态环境部、国家税务总局、国家市场监督管理总局、中国国际贸易促进委员会等部门组建第三方机制管委会，全国工商联负责承担管委会的日常工作，国务院国有资产监督管理委员会、财政部负责承担管委会中涉及国有企业的日常工作。

第三方机制管委会履行下列职责：

（一）研究制定涉及第三方机制的规范性文件；

（二）研究论证第三方机制涉及的重大法律政策问题；

（三）研究制定第三方机制专业人员名录库的入库条件和管理办法；

（四）研究制定第三方组织及其人员的工作保障和激励制度；

（五）对试点地方第三方机制管委会和第三方组织开展日常监督和巡回检查；

（六）协调相关成员单位对所属或者主管的中华全国律师协会、中国注册会计师协会、中国企业联合会、中国注册税务师协会、中国贸促会全国企业合规委员会（中国贸促会商事法律服务中心）以及其他行业协会、商会、机构等在企业合规领域的业务指导，研究制定涉企犯罪的合规考察标准；

（七）统筹协调全国范围内第三方机制的其他工作。

第七条　第三方机制管委会各成员单位建立联席会议机制，由最高人民检察院、国务院国有资产监督管理委员会、财政部、全国工商联负责同志担任召集人，根据工作需要定期或者不定期召开会议，研究有关重大事项和规范性文件，确定阶段性工作重点和措施。

各成员单位应当按照职责分工，认真落实联席会议确定的工作任务和议定事项，建立健全日常联系、联合调研、信息共享、宣传培训等机制，推动企业合规改革试点和第三方机制相关工作的顺利进行。

第八条 试点地方的人民检察院和国资委、财政部门、工商联应当结合本地实际，参照本指导意见第六条、第七条规定组建本地区的第三方机制管委会并建立联席会议机制。

试点地方第三方机制管委会履行下列职责：

（一）建立本地区第三方机制专业人员名录库，并根据各方意见建议和工作实际进行动态管理；

（二）负责本地区第三方组织及其成员的日常选任、培训、考核工作，确保其依法依规履行职责；

（三）对选任组成的第三方组织及其成员开展日常监督和巡回检查；

（四）对第三方组织的成员违反本指导意见的规定，或者实施其他违反社会公德、职业伦理的行为，严重损害第三方组织形象或公信力的，及时向有关主管机关、协会等提出惩戒建议，涉嫌违法犯罪的，及时向公安司法机关报案或者举报，并将其列入第三方机制专业人员名录库黑名单；

（五）统筹协调本地区第三方机制的其他工作。

第九条 第三方机制管委会应当组建巡回检查小组，按照本指导意见第六条第五项、第八条第三项的规定，对相关组织和人员在第三方机制相关工作中的履职情况开展不预先告知的现场抽查和跟踪监督。

巡回检查小组成员可以由人大代表、政协委员、人民监督员、退休法官、检察官以及会计审计等相关领域的专家学者担任。

第三章　第三方机制的启动和运行

第十条　人民检察院在办理涉企犯罪案件时，应当注意审查是否符合企业合规试点以及第三方机制的适用条件，并及时征询涉案企业、个人的意见。涉案企业、个人及其辩护人、诉讼代理人或者其他相关单位、人员提出适用企业合规试点以及第三方机制申请的，人民检察院应当依法受理并进行审查。

人民检察院经审查认为涉企犯罪案件符合第三方机制适用条件的，可以商请本地区第三方机制管委会启动第三方机制。第三方机制管委会应当根据案件具体情况以及涉案企业类型，从专业人员名录库中分类随机抽取人员组成第三方组织，并向社会公示。

第三方组织组成人员名单应当报送负责办理案件的人民检察院备案。人民检察院或者涉案企业、个人、其他相关单位、人员对选任的第三方组织组成人员提出异议的，第三方机制管委会应当调查核实并视情况做出调整。

第十一条　第三方组织应当要求涉案企业提交专项或者多项合规计划，并明确合规计划的承诺完成时限。

涉案企业提交的合规计划，主要围绕与企业涉嫌犯罪有密切联系的企业内部治理结构、规章制度、人员管理等方面存在的问题，制定可行的合规管理规范，构建有效的合规组织体系，健全合规风险防范报告机制，弥补企业制度建设和监督管理漏洞，防止再次发生相同或者类似的违法犯罪。

第十二条　第三方组织应当对涉案企业合规计划的可行性、有效性与全面性进行审查，提出修改完善的意见建议，并根据案件具体情况和涉案企业承诺履行的期限，确定合规考察期限。

在合规考察期内，第三方组织可以定期或者不定期对涉案企业合规计划履行情况进行检查和评估，可以要求涉案企业定期书面报告合规计划的执行情况，同时抄送负责办理案件的人民检察院。第三方组织发现涉案企业或其人员尚未被办案机关掌握的犯罪事实或者新实施的犯罪行为，应当中止第三方监督评估程序，并向负责办理案件的人民检察院报告。

第十三条 第三方组织在合规考察期届满后，应当对涉案企业的合规计划完成情况进行全面检查、评估和考核，并制作合规考察书面报告，报送负责选任第三方组织的第三方机制管委会和负责办理案件的人民检察院。

第十四条 人民检察院在办理涉企犯罪案件过程中，应当将第三方组织合规考察书面报告、涉案企业合规计划、定期书面报告等合规材料，作为依法作出批准或者不批准逮捕、起诉或者不起诉以及是否变更强制措施等决定，提出量刑建议或者检察建议、检察意见的重要参考。

人民检察院发现涉案企业在预防违法犯罪方面制度不健全、不落实，管理不完善，存在违法犯罪隐患，需要及时消除的，可以结合合规材料，向涉案企业提出检察建议。

人民检察院对涉案企业作出不起诉决定，认为需要给予行政处罚、处分或者没收其违法所得的，应当结合合规材料，依法向有关主管机关提出检察意见。

人民检察院通过第三方机制，发现涉案企业或其人员存在其他违法违规情形的，应当依法将案件线索移送有关主管机关、公安机关或者纪检监察机关处理。

第十五条 人民检察院对于拟作不批准逮捕、不起诉、变更强制措施等决定的涉企犯罪案件，可以根据《人民检察院审查案件听证工作规定》召开听证会，并邀请第三方组织组成人员到会发表意见。

第十六条 负责办理案件的人民检察院应当履行下列职责：

（一）对第三方组织组成人员名单进行备案审查，发现组成人员存在明显不适当情形的，及时向第三方机制管委会提出意见建议；

（二）对涉案企业合规计划、定期书面报告进行审查，向第三方组织提出意见建议；

（三）对第三方组织合规考察书面报告进行审查，向第三方机制管委会提出意见建议，必要时开展调查核实工作；

（四）依法办理涉案企业、个人及其辩护人、诉讼代理人或者其他相关单位、人员在第三方机制运行期间提出的申诉、控告或者有关申请、要求；

（五）刑事诉讼法、人民检察院刑事诉讼规则等法律、司法解释规定的其他法定职责。

第十七条　第三方组织及其组成人员在合规考察期内，可以针对涉案企业合规计划、定期书面报告开展必要的检查、评估，涉案企业应当予以配合。

第三方组织及其组成人员应当履行下列义务：

（一）遵纪守法，勤勉尽责，客观中立；

（二）不得泄露履职过程中知悉的国家秘密、商业秘密和个人隐私；

（三）不得利用履职便利，索取、收受贿赂或者非法侵占涉案企业、个人的财物；

（四）不得利用履职便利，干扰涉案企业正常生产经营活动。

第三方组织组成人员系律师、注册会计师、税务师（注册税务师）等中介组织人员的，在履行第三方监督评估职责期间不得违反规定接受可能有利益关系的业务；在履行第三方监督评估职责结束后一年以内，上述人员及其所在中介组织不得接受涉案企业、个人或者其他有利益关系的单位、人员的业务。

第十八条　涉案企业或其人员在第三方机制运行期间，认为第三方组织或其组成人员存在行为不当或者涉嫌违法犯罪的，可以向负责选任第三方组织的第三方机制管委会反映或者提出异议，或者向负责办理案件的人民检察院提出申诉、控告。

涉案企业及其人员应当按照时限要求认真履行合规计划，不得拒绝履行或者变相不履行合规计划、拒不配合第三方组织合规考察或者实施其他严重违反合规计划的行为。

第四章　附　则

第十九条　纪检监察机关认为涉嫌行贿的企业符合企业合规试点以及第三方机制适用条件，向人民检察院提出建议的，人民检察院可以参照适用本指导意见。

第二十条　试点地方人民检察院、国资委、财政部门、工商联可以结合本地实际，参照本指导意见会同有关部门制定具体实施办法，并按照试点工作要求报送备案。

本指导意见由最高人民检察院、国务院国有资产监督管理委员会、财政部、全国工商联会同司法部、生态环境部、国家税务总局、国家市场监督管理总局、中国国际贸易促进委员会负责解释，自印发之日起施行。

关于建立涉案企业合规第三方监督评估机制的指导意见（试行）实施细则

为深入学习贯彻习近平新时代中国特色社会主义思想，全面贯彻习近平法治思想，完整、准确、全面贯彻新发展理念，认真落实最高人民检察院、司法部、财政部、生态环境部、国务院国资委、税务总局、市场监管总局、全国工商联、中国贸促会《关于建立涉案企业合规第三方监督评估机制的指导意见（试行）》（以下简称《指导意见》），依法推进企业合规改革试点工作，规范涉案企业合规第三方监督评估机制管理委员会（以下简称第三方机制管委会）以及第三方监督评估机制（以下简称第三方机制）相关工作有序开展，结合工作实际，制定本实施细则。

第一章　第三方机制管委会的组成和职责

第一条　第三方机制管委会是承担对第三方机制的宏观指导、具体管理、日常监督、统筹协调等职责，确保第三方机制依法、有序、规范运行，以及第三方监督评估组织（以下简称第三方组织）及其组成人员依法依规履行职责的议事协调机构。

第二条　第三方机制管委会成员单位包括最高人民检察院、司法部、财政部、生态环境部、国务院国资委、税务总局、市场监管总局、全国工商联、中国贸促会等部门，并可以根据工作需要增加成员单位。

第三条　第三方机制管委会履行下列职责：

（一）研究制定涉及第三方机制的规范性文件；

（二）研究论证第三方机制涉及的重大法律政策问题；

（三）研究制定第三方机制专业人员名录库的入库条件和管理办法；

（四）研究制定第三方组织及其组成人员的工作保障和激励制度；

（五）对试点地方第三方机制管委会和第三方组织开展日常监督和巡回检查；

（六）协调相关成员单位对所属或者主管的中华全国律师协会、中国注册会计师协会、中国企业联合会、中国注册税务师协会、中国贸促会全国企业合规委员会（中国贸促会商事法律服务中心）以及其他行业协会、商会、机构等在企业合规领域的业务指导，研究制定涉企犯罪的合规考察标准；

（七）统筹协调第三方机制的其他工作。

第二章　第三方机制管委会联席会议的职责

第四条　第三方机制管委会建立联席会议机制，以联席会议形式研究制定重大规范性文件，研究论证重大法律政策问题，研究确定阶段性工作重点和措施，协调议定重大事项，推动管委会有效履职尽责。

第五条　联席会议由最高人民检察院、国务院国资委、财政部、全国工商联有关负责同志担任召集人，管委会其他成员单位有关负责同志担任联席会议成员。联席会议成员因工作变动需要调整的，由所在单位提出，联席会议确定。

第六条　联席会议原则上每半年召开一次，也可以根据工作需要临时召开。涉及企业合规改革试点工作及重大法律政策议题的由最高人民检察院召集，涉及第三方机制管委会日常工作及民营企业议题的由全国工商联召集，涉及国有企业议题的由国务院国资委、财政部召集。召集人可以根据议题邀请其他相关部门、单位以及专家学者参加会议。

第七条　联席会议以纪要形式明确会议议定事项，印发第三方机制管委会各成员单位及有关方面贯彻落实，重大事项按程序报批，落实情况定期报告联席会议。

第八条　联席会议设联络员，由第三方机制管委会各成员单位有关司局负责同志担任。在联席会议召开之前，应当召开联络员会议，研究讨论联席会议议题和需提交联席会议议定的事项及其他有关工作。

联络员应当根据所在单位职能，履行下列职责：

（一）协调本单位与其他成员单位的工作联系；

（二）组织研究起草有关规范性文件，研究论证有关法律政策问题，对有关事项或者议题提出意见建议；

（三）组织研究提出本单位需提交联席会议讨论的议题；

（四）在联席会议成员因故不能参加会议时，受委托参加会议并发表意见；

（五）组织落实联席会议确定的工作任务和议定事项。

第九条　联席会议设联系人，由第三方机制管委会各成员单位有关处级负责同志担任，负责日常联系沟通工作，承办联席会议成员及联络员的交办事项。

第三章　第三方机制管委会办公室的职责

第十条　第三方机制管委会下设办公室作为常设机构，负责承担第三方机制管委会的日常工作。办公室设在全国工商联，由全国工商联有关部门负责同志担任办公室主任，最高人民检察院、国务院国资委、财政部有关部门负责同志担任办公室副主任。

第十一条　第三方机制管委会办公室履行下列职责：

（一）协调督促各成员单位落实联席会议确定的工作任务和议定事项；

（二）收集整理各成员单位提交联席会议研究讨论的议题，负责联席会议和联络员会议的组织筹备工作；

（三）协调指导联席会议联系人开展日常联系沟通工作；

（四）负责国家层面第三方机制专业人员名录库的建立选任、日常管理、动态调整，并建立禁入名单等惩戒机制；

（五）组织开展对试点地方第三方机制管委会和第三方组织日常监督和巡回检查；

（六）承担第三方机制管委会及其联席会议交办的其他工作。

第十二条　第三方机制管委会办公室应当采取有效措施，建立健全第三方机制管委会联合调研、信息共享、案例指导、宣传培训等机制，并加强与中华全国律师协会、中国注册会计师协会、中国企业联合会、中国注册税务师协会、中国贸促会全国企业合规委员会（中国贸促会商事法律服务中心）以及其他行业协会、商会、机构的工作联系。

第十三条 第三方机制管委会办公室牵头组建巡回检查小组，邀请人大代表、政协委员、人民监督员、退休法官、退休检察官以及会计、审计、法律、合规等相关领域的专家学者担任巡回检查小组成员，对试点地方第三方机制管委会和相关第三方组织及其组成人员的履职情况开展不预先告知的现场抽查和跟踪监督。

第三方机制管委会办公室应当将巡回检查情况及时报告第三方机制管委会及其联席会议，并提出改进工作的意见建议。

第十四条 第三方机制管委会办公室可以推动各成员单位、各工作联系单位根据工作需要互派干部挂职交流，探索相关单位工作人员兼任检察官助理制度，并协调各成员单位视情派员参与第三方机制管委会办公室工作，提升企业合规工作专业化规范化水平。

第十五条 试点地方的人民检察院和国资委、财政、工商联等有关单位应当结合本地实际，组建本地区的第三方机制管委会并建立联席会议机制，设立第三方机制管委会办公室负责日常工作。

第四章 第三方组织的性质

第十六条 第三方组织是试点地方第三方机制管委会选任组成的负责对涉案企业的合规承诺及其完成情况进行调查、评估、监督和考察的临时性组织。

第十七条 第三方组织的运行应当遵循依法依规、公开公正、客观中立、专业高效的原则。

第十八条 试点地方第三方机制管委会负责对其选任组成的第三方组织及其组成人员履职期间的监督、检查、考核等工作，确保其依法依规履行职责。

第五章　第三方机制的启动

第十九条　人民检察院在办理涉企犯罪案件时，应当注意审查是否符合企业合规试点以及第三方机制的适用条件，并及时听取涉案企业、人员的意见。经审查认为符合适用条件的，应当商请本地区第三方机制管委会启动第三方机制。

公安机关、纪检监察机关等办案机关提出适用建议的，人民检察院参照前款规定处理。

第二十条　涉案企业、人员及其辩护人、诉讼代理人以及其他相关单位、人员提出适用企业合规试点以及第三方机制申请的，人民检察院应当依法受理并进行审查。经审查认为符合适用条件的，应当商请本地区第三方机制管委会启动第三方机制。

第二十一条　第三方机制管委会收到人民检察院商请后，应当综合考虑案件涉嫌罪名、复杂程度以及涉案企业类型、规模、经营范围、主营业务等因素，从专业人员名录库中分类随机抽取人员组成第三方组织。

专业人员名录库中没有相关领域专业人员的，第三方机制管委会可以采取协商邀请的方式，商请有关专业人员参加第三方组织。

同一个第三方组织一般负责监督评估一个涉案企业。同一案件涉及多个涉案企业，或者涉案企业之间存在明显关联关系的，可以由同一个第三方组织负责监督评估。

第二十二条　涉案企业、人员的居住地与案件办理地不一致的，案件办理地第三方机制管委会可以委托涉案企业、人员居住地第三方机制管委会选任组成第三方组织并开展监督评估，或者可以通过第三方机制管委会成员单位及其所属或者主管的行业协会、商会、机构的异地协作机制，协助开展监督评估。

第二十三条　第三方组织一般由 3 至 7 名专业人员组成，针对小微企业的第三方组织也可以由 2 名专业人员组成。

同一名专业人员在不存在利益关系、保障工作质量的条件下，可以同时担任一个以上第三方组织的组成人员。

第三方机制管委会应当根据工作需要，指定第三方组织牵头负责人，也可由第三方组织组成人员民主推举负责人，并报第三方机制管委会审定。

第二十四条 第三方机制管委会应当将第三方组织组成人员名单及提出意见的方式向社会公示，接受社会监督。

公示期限由第三方机制管委会根据情况决定，但不得少于五个工作日。公示可以通过在涉案单位所在地或者有关新闻媒体、网站发布公示通知等形式进行。

第二十五条 涉案企业、人员或者其他相关单位、人员对选任的第三方组织组成人员提出异议，或者第三方组织组成人员申请回避的，第三方机制管委会应当及时调查核实并视情况作出调整。

公示期满后无异议或者经审查异议不成立的，第三方机制管委会应当将第三方组织组成人员名单报送负责办理案件的人民检察院备案。人民检察院发现组成人员存在明显不适当情形的，应当及时向第三方机制管委会提出意见建议，第三方机制管委会依照本条第一款的规定处理。

第二十六条 人民检察院对第三方机制管委会报送的第三方组织组成人员名单，经审查未提出不同意见的，应当通报第三方机制管委会，并由第三方机制管委会宣告第三方组织成立。

第三方组织存续期间，其组成人员一般不得变更。确需变更的，第三方机制管委会应当依照本实施细则相关规定处理。

第六章 第三方机制的运行

第二十七条 第三方组织成立后，应当在负责办理案件的人民检察院的支持协助下，深入了解企业涉案情况，认真研判涉案企业在合规领域存在的薄弱环节和突出问题，合理确定涉案企业适用的合规计划类型，做好相关前期准备工作。

第三方机制管委会可以根据工作需要，指派专门人员负责与选任组成的第三方组织及负责办理案件的人民检察院、涉案企业联络沟通，协调处理第三方机制启动和运行有关事宜。

第二十八条　第三方组织根据涉案企业情况和工作需要，应当要求涉案企业提交单项或者多项合规计划，对于小微企业可以视情简化。

涉案企业提交的合规计划，应当以全面合规为目标、专项合规为重点，主要针对与企业涉嫌犯罪有密切联系的企业内部治理结构、规章制度、人员管理等方面存在的问题，制定可行的合规管理规范，构建有效的合规组织体系，完善相关业务管理流程，健全合规风险防范报告机制，弥补企业制度建设和监督管理漏洞，防止再次发生相同或者类似的违法犯罪。

第二十九条　第三方组织应当对涉案企业合规计划的可行性、有效性与全面性进行审查，重点审查以下内容：

（一）涉案企业完成合规计划的可能性以及合规计划本身的可操作性；

（二）合规计划对涉案企业预防治理涉嫌的犯罪行为或者类似违法犯罪行为的实效性；

（三）合规计划是否覆盖涉案企业在合规领域的薄弱环节和明显漏洞；

（四）其他根据涉案企业实际情况需要重点审查的内容。

第三方组织应当就合规计划向负责办理案件的人民检察院征求意见，综合审查情况一并向涉案企业提出修改完善的意见。

第三十条　第三方组织根据案件具体情况和涉案企业承诺履行的期限，并向负责办理案件的人民检察院征求意见后，合理确定合规考察期限。

第三十一条　在合规考察期内，第三方组织可以定期或者不定期对涉案企业合规计划履行情况进行监督和评估，可以要求涉案企业定期书面报告合规计划的执行情况，同时抄送负责办理案件的人民检察院。

第三方组织发现涉案企业执行合规计划存在明显偏差或错误的，应当及时进行指导、提出纠正意见，并报告负责办理案件的人民检察院。

第三十二条 第三方组织发现涉案企业或其人员尚未被办案机关掌握的犯罪事实或者新实施的犯罪行为，应当中止第三方监督评估程序，并及时向负责办理案件的人民检察院报告。

负责办理案件的人民检察院接到报告后，依照刑事诉讼法及相关司法解释的规定依法处理。

第三十三条 第三方组织在合规考察期届满后，应当对涉案企业的合规计划完成情况进行全面了解、监督、评估和考核，并制作合规考察书面报告。

合规考察书面报告一般应当包括以下内容：

（一）涉案企业履行合规承诺、落实合规计划情况；

（二）第三方组织开展了解、监督、评估和考核情况；

（三）第三方组织监督评估的程序、方法和依据；

（四）监督评估结论及意见建议；

（五）其他需要说明的问题。

第三十四条 合规考察书面报告应当由第三方组织全体组成人员签名或者盖章后，报送负责选任第三方组织的第三方机制管委会、负责办理案件的人民检察院等单位。

第三方组织组成人员对合规考察书面报告有不同意见的，应当在报告中说明其不同意见及理由。

第三十五条 本实施细则第三十一条、第三十三条规定的监督、评估方法应当紧密联系企业涉嫌犯罪有关情况，包括但不限于以下方法：

（一）观察、访谈、文本审阅、问卷调查、知识测试；

（二）对涉案企业的相关业务与管理事项，结合业务发生频率、重要性及合规风险高低进行抽样检查；

（三）对涉案企业的相关业务处理流程，结合相关原始文件、业务处理踪迹、操作管理流程等进行穿透式检查；

（四）对涉案企业的相关系统及数据，结合交易数据、业务凭证、工作记录以及权限、参数设置等进行比对检查。

第三十六条　涉案企业及其人员对第三方组织开展的检查、评估应当予以配合并提供便利，如实填写、提交相关文件、材料，不得弄虚作假。

涉案企业或其人员认为第三方组织或其组成人员的检查、评估行为不当或者涉嫌违法犯罪的，可以向负责选任第三方组织的第三方机制管委会反映或者提出异议，或者向负责办理案件的人民检察院提出申诉、控告。

第三十七条　负责选任第三方组织的第三方机制管委会和负责办理案件的人民检察院收到第三方组织报送的合规考察书面报告后，应当及时进行审查，双方认为第三方组织已经完成监督评估工作的，由第三方机制管委会宣告第三方组织解散。

第三十八条　第三方组织组成人员系律师、注册会计师、税务师（注册税务师）等中介组织人员的，在履行第三方监督评估职责期间不得违反规定接受可能有利益关系的业务；在履行第三方监督评估职责结束后二年以内，上述人员及其所在中介组织不得接受涉案企业、人员或者其他有利益关系的单位、人员的业务。

第三十九条　第三方机制管委会或者负责办理案件的人民检察院发现第三方组织或其组成人员故意提供虚假报告或者提供的报告严重失实的，应当依照《指导意见》的规定及时向有关主管机关、协会等提出惩戒建议，涉嫌违法犯罪的，及时向有关机关报案或者举报，并将其列入第三方机制专业人员名录库禁入名单。

第四十条　负责办理案件的人民检察院应当要求知悉案情的第三方组

织组成人员，参照执行防止干预司法“三个规定”，严格做好有关事项填报工作。

第七章　附　则

第四十一条　试点地方第三方机制管委会可以结合本地实际，参照《指导意见》及本实施细则制定具体实施办法，并按照试点工作要求报送备案。

第四十二条　本实施细则由最高人民检察院、国务院国资委、财政部、全国工商联会同司法部、生态环境部、税务总局、市场监管总局、中国贸促会等部门组建的第三方机制管委会负责解释，自印发之日起施行。

涉案企业合规第三方监督评估机制专业人员选任管理办法（试行）

为深入学习贯彻习近平新时代中国特色社会主义思想，全面贯彻习近平法治思想，完整、准确、全面贯彻新发展理念，认真落实最高人民检察院、司法部、财政部、生态环境部、国务院国资委、税务总局、市场监管总局、全国工商联、中国贸促会《关于建立涉案企业合规第三方监督评估机制的指导意见（试行）》（以下简称《指导意见》），规范涉案企业合规第三方监督评估机制专业人员（以下简称第三方机制专业人员）选任管理工作，保障涉案企业合规第三方监督评估机制（以下简称第三方机制）有效运行，结合工作实际，制定本办法。

第一章　总　则

第一条　第三方机制专业人员，是指由涉案企业合规第三方监督评估机制管理委员会（以下简称第三方机制管委会）选任确定，作为第三方监督评估组织（以下简称第三方组织）组成人员参与涉案企业合规第三方监督评估工作的相关领域专业人员，主要包括律师、注册会计师、税务师（注册税务师）、企业合规师、相关领域专家学者以及有关行业协会、商会、机构、社会团体（以下简称有关组织）的专业人员。

生态环境、税务、市场监督管理等政府工作部门中具有专业知识的人员可以被选任确定为第三方机制专业人员，或者可以受第三方机制管委会邀请或者受所在单位委派参加第三方组织及其相关工作，其选任管理具体事宜由第三方机制管委会与其所在单位协商确定。有关政府工作部门所属企事业单位中的专业人员可以被选任确定为第三方机制专业人员，参加第三方组织及其相关工作。

有关单位中具有专门知识的退休人员参加第三方组织及其相关工作的，应当同时符合有关退休人员的管理规定。

第二条　第三方机制专业人员选任管理应当遵循依法依规、公开公正、分级负责、接受监督的原则。

第三条　各级第三方机制管委会统筹协调本级第三方机制专业人员的选任、培训、考核、奖惩、监督等工作。

国家层面第三方机制管委会负责研究制定涉及第三方机制专业人员的规范性文件及保障激励制度，统筹协调全国范围内涉及第三方机制专业人员的相关工作。

上级第三方机制管委会应当加强对下级第三方机制管委会涉及第三方机制专业人员相关工作的具体指导。

第二章　第三方机制专业人员的选任

第四条　国家层面、省级和地市级第三方机制管委会应当组建本级第三方机制专业人员名录库（以下简称名录库）。经省级第三方机制管委会审核同意，有条件的县级第三方机制管委会可以组建名录库。

第五条 名录库以个人作为入库主体，不得以单位、团体作为入库主体。

名录库应当分类组建，总人数不少于五十人。人员数量、组成结构和各专业领域名额分配可以由负责组建名录库的第三方机制管委会根据工作需要自行确定，并可以结合实际进行调整。

省级以下名录库的入库人员限定为本省（自治区、直辖市）区域内的专业人员。因专业人员数量不足未达到组建条件的，可以由省级第三方机制管委会统筹协调相邻地市联合组建名录库。

第六条 第三方机制专业人员应当拥有较好的政治素质和道德品质，具备履行第三方监督评估工作的专业知识、业务能力和时间精力，其所在单位或者所属有关组织同意其参与第三方监督评估工作。

第三方机制专业人员一般应当具备下列条件：

（一）拥护中国共产党领导，拥护我国社会主义法治；

（二）具有良好道德品行和职业操守；

（三）持有本行业执业资格证书，从事本行业工作满三年；

（四）工作业绩突出，近三年考核等次为称职以上；

（五）熟悉企业运行管理或者具备相应专业知识；

（六）近三年未受过与执业行为有关的行政处罚或者行业惩戒；

（七）无受过刑事处罚、被开除公职或者开除党籍等情形；

（八）无其他不适宜履职的情形。

第七条 第三方机制管委会一般应当按照制定计划、发布公告、本人申请、单位推荐、材料审核、考察了解、初定人选、公示监督、确定人选、颁发证书等程序组织实施第三方机制专业人员选任工作。

第八条 第三方机制管委会组织实施第三方机制专业人员选任，应当在成员单位或其所属或者主管的律师协会、注册会计师协会、注册税务师协会等有关组织的官方网站上发布公告。

公告应当载明选任名额、标准条件、报名方式、报名材料和选任工作程序等相关事项，公告期一般不少于二十个工作日。

第九条　第三方机制管委会可以通过审查材料、走访了解、面谈测试等方式对报名人员进行审核考察，并在此基础上提出拟入库人选。

第三方机制管委会可以通过成员单位所属或者主管的有关组织了解核实拟入库人选的相关情况。

第十条　第三方机制管委会应当将拟入库人选名单及监督联系方式向社会公示，接受社会监督。公示可以通过在拟入库人选所在单位或者有关新闻媒体、网站发布公示通知等形式进行，公示期一般不少于七个工作日。

第三方机制管委会对于收到的举报材料、情况反映应当及时进行调查核实，视情提出处理意见。调查核实过程中可以根据情况与举报人、反映人沟通联系。

第十一条　第三方机制管委会在确定拟入库人选时应当综合考虑报名人员的政治素质、执业（工作）时间、工作业绩、研究成果、表彰奖励，以及所在单位的资质条件、人员规模、所获奖励、行业影响力等情况。同等条件下，可以优先考虑担任党代表、人大代表、政协委员、人民团体职务的人选。

第十二条　公示期满后无异议或者经审查异议不成立的，第三方机制管委会应当向入库人员颁发证书，并通知其所在单位或者所属有关组织。名录库人员名单应当在第三方机制管委会成员单位的官方网站上公布，供社会查询。

第三方机制管委会应当明确入库人员的任职期限，一般为二至三年。经第三方机制管委会审核，期满后可以续任。

第三章　第三方机制专业人员的日常管理

第十三条　第三方机制专业人员根据履职需要，可以查阅相关文件资料，参加有关会议和考察活动，接受业务培训。

第十四条　第三方机制专业人员应当认真履职、勤勉尽责，严格履行相关法律法规及《指导意见》等有关保密、回避、廉洁等义务。

第十五条　第三方机制管委会应当结合涉案企业合规第三方监督评估工作情况，定期组织第三方机制专业人员进行业务培训、开展调研考察和座谈交流，总结推广经验做法。

第三方机制管委会有关成员单位应当指导所属或者主管的有关组织，加强本行业、本部门涉及第三方机制相关工作的理论实务研究，积极开展业务培训和工作指导。

第十六条　第三方机制管委会可以通过定期考核、一案一评、随机抽查、巡回检查等方式，对第三方机制专业人员进行考核评价。考核结果作为对第三方机制专业人员奖励激励、续任或者调整出库的重要依据。

第十七条　第三方机制管委会应当建立健全第三方机制专业人员奖励激励制度，对表现突出的第三方机制专业人员给予奖励激励，或向其所在单位或者所属有关组织提出奖励激励的建议。

第十八条　第三方机制管委会应当及时将考核结果、奖励激励情况书面通知本人及所在单位或者所属有关组织，可以通过有关媒体向社会公布。

第十九条　第三方机制管委会应当建立健全第三方机制专业人员履职台账，全面客观记录第三方机制专业人员业务培训、参加活动和履行职责情况，作为确定考核结果的重要参考。

第二十条　第三方机制管委会在对第三方机制专业人员的履职情况开展考核评价时，应当主动征求办理案件的检察机关、巡回检查小组以及涉案企业等意见建议。

第二十一条　第三方机制专业人员有下列情形之一的，考核评价结果应当确定为不合格，并视情作出相应后续处理：

（一）不参加第三方组织工作或者不接受第三方机制管委会分配工作任务，且无正当理由的；

（二）在履行第三方监督评估职责中出现重大失误，造成不良影响的；

（三）在履行第三方监督评估职责中存在行为不当，涉案企业向第三方机制管委会反映或者提出异议，造成不良影响的；

（四）其他造成不良影响或者损害第三方组织形象、公信力的情形。

第二十二条　第三方机制管委会对违反有关义务的第三方机制专业人员，可以谈话提醒、批评教育，或视情通报其所在单位或者所属有关组织，情节严重或者造成严重后果的可以将其调整出库。

第三方机制专业人员有下列情形之一的，第三方机制管委会应当及时将其调整出库：

（一）在选任或者履职中弄虚作假，提供虚假材料或者情况的；

（二）受到刑事处罚、被开除公职或者开除党籍的；

（三）受到行政处罚或者行业惩戒，情节严重的；

（四）违反《指导意见》第十七条第二款第二项至第四项规定的；

（五）利用第三方机制专业人员身份发表与履职无关的言论或者从事与履职无关的活动，造成严重不良影响的；

（六）考核评价结果两次确定为不合格的；

（七）实施严重违反社会公德、职业道德或者其他严重有损第三方机制专业人员形象、公信力行为的；

（八）其他不适宜继续履行第三方监督评估职责的情形。

第三方机制管委会发现第三方机制专业人员的行为涉嫌违规的，应当及时向有关主管机关，或其所在单位或者所属有关组织反映情况、提出惩戒或者处理建议；涉嫌违法犯罪的，应当及时向有关机关报案或者举报。

第二十三条 第三方机制管委会应当建立健全第三方机制专业人员名录库禁入名单制度。对于依照本办法第二十二条规定被调整出库的第三方机制专业人员，应当列入名录库禁入名单。

第三方机制管委会对列入名录库禁入名单的人员应当逐级汇总上报，实现信息共享。

第二十四条 第三方机制专业人员因客观原因不能履职、本人不愿继续履职或者发生影响履职重大事项的，应当及时向第三方机制管委会报告并说明情况，主动辞任第三方机制专业人员。第三方机制管委会应当及时进行审查并将其调整出库。

第二十五条 第三方机制管委会应当根据工作需要，结合履职台账、考核情况以及本人意愿、所在单位或者所属有关组织意见等，定期或者不定期对名录库人员进行动态调整。名录库人员名单调整更新后，应当依照本办法第十二条规定，及时向社会公布。

第四章 工作保障

第二十六条 第三方机制管委会各成员单位、第三方机制专业人员所在单位或者所属有关组织以及涉案企业，应当为第三方机制专业人员履行职责提供必要支持和便利条件。

第二十七条 第三方机制专业人员选任管理工作所需业务经费和第三方机制专业人员履职所需费用，试点地方可以结合本地实际，探索多种经费保障模式。

第五章 附 则

第二十八条 地方各级第三方机制管委会可以结合本地实际，参照本办法制定具体实施细则，并按照试点工作要求报送备案。

有关部门、组织可以结合本行业、本部门实际，制定名录库人员的具体入选标准。

本办法出台前，已组建的各地各级名录库不符合本办法规定的，可以继续试点。

第二十九条　本办法由最高人民检察院、国务院国资委、财政部、全国工商联会同司法部、生态环境部、税务总局、市场监管总局、中国贸促会等部门组建的第三方机制管委会负责解释，自印发之日起施行。

涉案企业合规建设、评估和审查办法（试行）

为深入学习贯彻习近平新时代中国特色社会主义思想,全面贯彻习近平法治思想，完整、准确、全面贯彻新发展理念，认真落实最高人民检察院、司法部、财政部、生态环境部、国务院国资委、税务总局、市场监管总局、全国工商联、中国贸促会《关于建立涉案企业合规第三方监督评估机制的指导意见（试行）》（以下简称《指导意见》）及其实施细则，依法推进企业合规改革试点工作，规范第三方监督评估机制（以下简称第三方机制）相关工作有序开展，结合工作实际，制定本办法。

第一章　总　则

第一条　涉案企业合规建设，是指涉案企业针对与涉嫌犯罪有密切联系的合规风险，制定专项合规整改计划，完善企业治理结构，健全内部规章制度，形成有效合规管理体系的活动。

涉案企业合规评估，是指第三方监督评估组织（以下简称第三方组织）对涉案企业专项合规整改计划和相关合规管理体系有效性进行了解、评价、监督和考察的活动。

涉案企业合规审查，是指负责办理案件的人民检察院对第三方组织的评估过程和结论进行审核。

针对未启动第三方机制的小微企业合规，可以由人民检察院对其提交的合规计划和整改报告进行审查。

第二条 对于涉案企业合规建设经评估符合有效性标准的，人民检察院可以参考评估结论依法作出不批准逮捕、变更强制措施、不起诉的决定，提出从宽处罚的量刑建议，或者向有关主管机关提出从宽处罚、处分的检察意见。

对于涉案企业合规建设经评估未达到有效性标准或者采用弄虚作假手段骗取评估结论的，人民检察院可以依法作出批准逮捕、起诉的决定，提出从严处罚的量刑建议，或者向有关主管机关提出从严处罚、处分的检察意见。

第二章 涉案企业合规建设

第三条 涉案企业应当全面停止涉罪违规违法行为，退缴违规违法所得，补缴税款和滞纳金并缴纳相关罚款，全力配合有关主管机关、公安机关、检察机关及第三方组织的相关工作。

第四条 涉案企业一般应当成立合规建设领导小组，由其实际控制人、主要负责人和直接负责的主管人员等组成，必要时可以聘请外部专业机构或者专业人员参与或者协助。合规建设领导小组应当在全面分析研判企业合规风险的基础上，结合本行业合规建设指引，研究制定专项合规计划和内部规章制度。

第五条 涉案企业制定的专项合规计划，应当能够有效防止再次发生相同或者类似的违法犯罪行为。

第六条 涉案企业实际控制人、主要负责人应当在专项合规计划中作出合规承诺并明确宣示，合规是企业的优先价值，对违规违法行为采取零容忍的态度，确保合规融入企业的发展目标、发展战略和管理体系。

第七条　涉案企业应当设置与企业类型、规模、业务范围、行业特点等相适应的合规管理机构或者管理人员。

合规管理机构或者管理人员可以专设或者兼理，合规管理的职责必须明确、具体、可考核。

第八条　涉案企业应当针对合规风险防控和合规管理机构履职的需要，通过制定合规管理规范、弥补监督管理漏洞等方式，建立健全合规管理的制度机制。

涉案企业的合规管理机构和各层级管理经营组织均应当根据其职能特点设立合规目标，细化合规措施。

合规管理制度机制应当确保合规管理机构或者管理人员独立履行职责，对于涉及重大合规风险的决策具有充分发表意见并参与决策的权利。

第九条　涉案企业应当为合规管理制度机制的有效运行提供必要的人员、培训、宣传、场所、设备和经费等人力物力保障。

第十条　涉案企业应当建立监测、举报、调查、处理机制，保证及时发现和监控合规风险，纠正和处理违规行为。

第十一条　涉案企业应当建立合规绩效评价机制，引入合规指标对企业主要负责人、经营管理人员、关键技术人员等进行考核。

第十二条　涉案企业应当建立持续整改、定期报告等机制，保证合规管理制度机制根据企业经营发展实际不断调整和完善。

第三章　涉案企业合规评估

第十三条　第三方组织可以根据涉案企业情况和工作需要，制定具体细化、可操作的合规评估工作方案。

第十四条　第三方组织对涉案企业专项合规整改计划和相关合规管理体系有效性的评估，重点包括以下内容：

（一）对涉案合规风险的有效识别、控制；

（二）对违规违法行为的及时处置；

（三）合规管理机构或者管理人员的合理配置；

（四）合规管理制度机制建立以及人力物力的充分保障；

（五）监测、举报、调查、处理机制及合规绩效评价机制的正常运行；

（六）持续整改机制和合规文化已经基本形成。

第十五条 第三方组织应当以涉案合规风险整改防控为重点，结合特定行业合规评估指标，制定符合涉案企业实际的评估指标体系。

评估指标的权重可以根据涉案企业类型、规模、业务范围、行业特点以及涉罪行为等因素设置，并适当提高合规管理的重点领域、薄弱环节和重要岗位等方面指标的权重。

第四章 涉案企业合规审查

第十六条 第三方机制管委会和人民检察院收到第三方组织报送的合规考察书面报告后，应当及时进行审查，重点审查以下内容：

（一）第三方组织制定和执行的评估方案是否适当；

（二）评估材料是否全面、客观、专业,足以支持考察报告的结论；

（三）第三方组织或其组成人员是否存在可能影响公正履职的不当行为或者涉嫌违法犯罪行为。

经第三方机制管委会和人民检察院审查，认为第三方组织已经完成监督评估工作的，由第三方机制管委会宣告第三方组织解散。对于审查中发现的疑点和重点问题，人民检察院可以要求第三方组织或其组成人员说明情况，也可以直接进行调查核实。

第十七条 人民检察院对小微企业提交合规计划和整改报告的审查，重点包括合规承诺的履行、合规计划的执行、合规整改的实效等内容。

第十八条 第三方机制管委会收到关于第三方组织或其组成人员存在

行为不当或者涉嫌违法犯罪的反映、异议，或者人民检察院收到上述内容的申诉、控告的，双方应当及时互相通报情况并会商提出处理建议。

第十九条 第三方机制管委会或者人民检察院经审查合规考察书面报告等材料发现，或者经对收到的反映、异议或者申诉、控告调查核实确认，第三方组织或其组成人员存在违反《指导意见》及其实施细则规定的禁止性行为，足以影响评估结论真实性、有效性的，第三方机制管委会应当重新组建第三方组织进行评估。

第五章 附 则

第二十条 本办法所称涉案企业，是指涉嫌单位犯罪的企业，或者实际控制人、经营管理人员、关键技术人员等涉嫌实施与生产经营活动密切相关犯罪的企业。

对与涉案企业存在关联合规风险或者由类案暴露出合规风险的企业，负责办理案件的人民检察院可以对其提出合规整改的检察建议。

第二十一条 涉案企业应当以全面合规为目标、专项合规为重点，并根据规模、业务范围、行业特点等因素变化，逐步增设必要的专项合规计划，推动实现全面合规。

第二十二条 大中小微企业的划分，根据国家相关标准执行。

第二十三条 本办法由国家层面第三方机制管委会负责解释。自印发之日起施行。

关于加强公司律师参与企业合规管理工作的通知

各省、自治区、直辖市司法厅（局），新疆生产建设兵团司法局：

为充分发挥公司律师职能作用，提升企业依法合规经营水平，促进经济高质量发展，现就加强公司律师参与企业合规管理工作通知如下。

一、提高政治站位，充分认识公司律师参与企业合规管理工作的重要意义

党的十八大以来，以习近平同志为核心的党中央高度重视企业合规和公司律师工作，习近平总书记多次作出重要指示，提出明确要求。当前，我国进入新发展阶段，发展内外环境发生深刻变化，贯彻新发展理念、构建新发展格局、推动高质量发展对打造市场化法治化国际化营商环境、提高企业依法合规经营水平提出了新要求。高水平对外开放持续扩大，共建“一带一路”深入推进，与此同时经济全球化遭遇逆流，企业“走出去”面临的法律合规风险不断增多，强化合规管理工作的重要性、紧迫性更加凸显。全面依法治国深入推进，《法治中国建设规划（2020—2025年）》《法治社会建设实施纲要（2020-2025年）》《法治政府建设实施纲要（2021-2025年）》相继实施，对推进依法治企、加强公司律师工作等作出战略部署。经济社会发展的新需求和全面依法治国的新要求，为公司律师参与企业合规管理、充分发挥专业优势提供了更加广阔的平台，也提出了更高的标准和要求。新形势下，必须引导、支持广大公司律师立足党和国家工作大局，积极参与企业合规管理工作，强化法律服务保障职能，推动完善企业合规管理体系，防范化解企业经营风险，促进我国经济高质量发展。

二、强化目标导向，明确加强公司律师参与企业合规管理工作的总体要求

加强公司律师参与企业合规管理工作，要坚持以习近平新时代中国特色社会主义思想为指导，全面贯彻落实党的十九大和十九届历次全会精神，认真学习贯彻习近平法治思想和习近平总书记重要指示精神，科学把握新发展阶段，完整、准确、全面贯彻新发展理念，服务构建新发展格局，把参与企业合规管理作为公司律师履行职责的重要内容，加大工作指导、推进力度，充分发挥公司律师在企业合规管理中的职能作用，促进企业合规管理制度机制更加健全，依法规范经营管理水平不断提升，各类合规风险得到有效预防和化解，在法治轨道上增强企业发展效益和核心竞争力，为实现经济社会高质量发展提供有力法治保障。

加强公司律师参与企业合规管理工作，必须把握以下原则：坚持党的领导，坚定不移走中国特色社会主义法治道路，坚决贯彻落实党和国家各项方针政策、决策部署，牢牢把握正确政治方向；坚持依法依规，认真履职尽责，促进企业全面遵守法律法规规章、行政规范性文件、国际条约、监管规则、政策要求、行业准则、商业惯例、道德规范等规定；坚持立足实际，强化风险意识和底线思维，根据企业自身发展阶段和经营特点，深入查找合规管理薄弱环节，制定和执行切实可行的合规措施，确保合规管理工作取得实效；坚持统筹兼顾，统筹风险源头预防与事后处置，统筹国内业务合规与涉外业务合规，兼顾企业利益、职工利益与社会公共利益、国家整体利益，实现政治效果、法律效果、社会效果的统一。

三、聚焦重点难点，推动公司律师全面参与企业合规管理工作

企业合规工作涉及企业经营管理各领域、各环节。要组织、引导公司律师全面、深度参与企业合规管理各项工作，聚焦合规风险易发多发领域和重点难点环节加大工作力度，增强合规管理针对性、实效性。

（一）着力做好企业治理合规管理。完善的内部治理是现代企业制度建设的核心，是企业依法合规经营、持续健康发展的前提条件。公司律师应当协助企业按照法律法规和相关规定，健全以章程为核心、权责明确、运转协调、制衡有效的法人治理结构，规范股东会、董事会、监事会、管理层、执行层、党组织、职工代表大会等各治理主体权利义务，完善重大

经营管理决策合法合规性审查机制，健全适应合规管理要求的各项内部规章制度，提升企业合规治理水平。

（二）着力做好刑事合规管理。刑事合规是企业经营管理必须遵守的底线和红线，直接关系企业生存和发展。公司律师应当协助企业建立刑事违法案事件应对处置机制，开展内外部刑事违法风险评估、加强预防犯罪教育培训，完善投诉举报、审查处理、线索移送等工作制度，配合司法机关和纪检监察等部门依法办案，积极参与企业合规和第三方监督评估机制改革试点工作，推进刑事合规问题整改，降低刑事责任风险，促进企业在守法合规中实现可持续发展。

（三）着力做好行政合规管理。遵守法律法规规章和国家有关部门的政策规定、监管要求、业务指引，是企业依法合规经营的应有之义。公司律师应当跟进了解国家相关法律法规规章和大政方针政策，帮助企业在有关部门指导、监督下，有针对性地制定、实施合规管理措施，严格执行产品质量、安全生产、劳动用工、财务税收、节能减排、环境保护、数据安全、信息保护、广告宣传、规划建设、交通运输、卫生防疫等各项行政监管政策和规定，防范违规风险，整改违规问题，促进企业依法合规审慎经营。

（四）着力做好海外合规管理。合规是企业“走出去”行稳致远的前提，合规管理能力是企业国际竞争力的重要方面。公司律师应当协助企业健全海外经营合规制度，根据跨境贸易、对外投资、承包工程等不同业务特点加强风险防控，遵守东道国法律法规、监管政策和相关国际规则，落实市场准入、安全审查、外汇管理、劳工保护、反洗钱、反贿赂等方面合规要求，注重保护环境和履行社会责任，防范经济制裁、出口管制、技术封锁等方面法律经营风险，切实维护我国企业在海外合法权益，维护国家主权、安全和发展利益。

（五）着力做好反垄断合规管理。强化反垄断和反不正当竞争，防止资本无序扩张、野蛮生长，是维护公平竞争市场环境、构建高水平社会主义市场经济体制的重要举措。公司律师应当密切关注国家反垄断法律法规和政策要求，帮助企业制定内部反垄断规章制度及工作流程，避免在参与市场竞争、扩大经营规模过程中出现签订垄断协议、滥用市场支配地位、违规实施经营者集中等垄断行为，切实维护市场经济秩序，维护消费者利益和社会公共利益。

（六）着力做好知识产权合规管理。加强知识产权保护和运用，对激发企业创新创造活力、推进产业转型升级、强化国家战略科技力量具有重要作用。公司律师应当密切关注新技术、新产品、新业态的立法执法司法动态，帮助企业做好专利、商标、著作权等各类知识产权的申请、取得、维护等工作，强化商业秘密、个人信息和数据安全保护，规范科技创新成果许可和转让，防范应对知识产权侵权行为，为推动企业创新发展、实现科技自立自强提供有力法治支撑。

四、注重长效长治，推动持续提升企业合规管理工作整体水平

公司律师参与企业合规管理工作，既要发挥自身专业优势，妥善应对处置企业经营中的合规风险，也要推动企业完善合规管理制度机制，强化合规文化建设和力量配备，提升企业合规管理整体水平，形成工作长效。

（一）完善合规管理制度。确保企业合规管理工作有序开展，必须实现合规管理制度化、规范化。公司律师应当协助企业搭建合规管理工作架构，制定覆盖企业经营管理各领域各部门各层级的合规管理工作规范，形成系统完备、科学合理、运行有效的合规制度体系，明确决策管理层和生产、运营、销售、财务、行政、人力、内控等各职能部门、各业务条线、各管理层级的合规管理职责，定期制定和实施合规管理计划和具体方案，使企业合规管理各项工作都有制可依、有规可循。

（二）健全合规工作机制。有效应对企业合规风险，必须建立事前预

警防范、事中应对处置、事后评估改进等一整套工作机制。公司律师应当协助企业全面分析采购销售、生产运营、项目工程、投资并购、人力资源等各项经营管理活动的合规风险，建立健全风险识别、分析、预警、报告、咨询、审核、调查、处置、评价、改进等全流程工作机制，明确各项业务合规工作标准和操作指引，并将合规管理作为企业发展和员工绩效考核的重要指标，推动落实合规管理责任，增强合规管理效能。

（三）加强合规文化建设。做好企业合规管理工作，必须在企业内部树立合规人人有责、合规创造价值的正确理念。公司律师应当协助企业加强合规管理宣传，对全体员工特别是经营管理层人员、高风险岗位人员开展合规培训和警示教育，制定合规行为准则，划定合规纪律红线，营造合规文化氛围，使全体员工不断提升合规意识，增强参与、支持合规管理工作的自觉性、主动性。

（四）配强合规专业力量。企业合规管理工作具有很强的法律性、政策性、专业性、复杂性，要求合规工作人员必须具备较高的能力素质。公司律师应当协助企业积极建立健全法务、合规、监察、审计等合规管理专门机构，加强专职合规工作队伍建设，及时配备、培养专业合规人才，做好外部法律顾问的选聘、使用和管理工作，积极推动将具备必要的合规意识和合规知识作为特定岗位人员任职、晋升的前提条件，提升企业合规管理专业化水平。

五、加强组织领导，确保公司律师参与企业合规管理工作有序推进

公司律师所在企业负责具体推动本企业公司律师参与合规管理工作，要把公司律师参与决策过程、提出法律意见作为依法合规决策的重要程序，明确公司律师参与企业合规管理的具体职责和方式，为公司律师履行职责提供条件和便利。各级司法行政机关要统筹推动本地区公司律师参与企业合规管理工作，指导律师协会加强公司律师专门委员会或专业委员会

建设，研究制订业务指引或工作规范，组织开展培训、交流、研讨等活动，提高公司律师合规管理业务水平。要加强与国有资产监管机构、企业协会商会组织和相关行业主管部门、行政执法机关、司法机关、纪检监察机关的信息沟通，密切协作配合，共同研究解决公司律师参与企业合规管理中面临的困难和问题，形成工作合力。要把参与企业合规管理工作情况作为公司律师年度考核的重要内容，指导、监督公司律师充分发挥职能作用，注重总结、推广公司律师参与企业合规管理工作的有益经验和做法。要通过多种形式积极宣传公司律师参与合规管理工作取得的成效，及时选树先进典型，加大表彰力度，增强公司律师参与企业合规管理工作的责任感、荣誉感。

司法部办公厅

2021 年 12 月 15 日

中央企业合规管理办法

（2022 年 8 月 23 日国务院国有资产监督管理委员会令第 42 号公布自 2022 年 10 月 1 日起施行）

第一章　总　则

第一条　为深入贯彻习近平法治思想，落实全面依法治国战略部署，深化法治央企建设，推动中央企业加强合规管理，切实防控风险，有力保障深化改革与高质量发展，根据《中华人民共和国公司法》《中华人民共和国企业国有资产法》等有关法律法规，制定本办法。

第二条　本办法适用于国务院国有资产监督管理委员会（以下简称国资委）根据国务院授权履行出资人职责的中央企业。

第三条 本办法所称合规，是指企业经营管理行为和员工履职行为符合国家法律法规、监管规定、行业准则和国际条约、规则，以及公司章程、相关规章制度等要求。

本办法所称合规风险，是指企业及其员工在经营管理过程中因违规行为引发法律责任、造成经济或者声誉损失以及其他负面影响的可能性。

本办法所称合规管理，是指企业以有效防控合规风险为目的，以提升依法合规经营管理水平为导向，以企业经营管理行为和员工履职行为为对象，开展的包括建立合规制度、完善运行机制、培育合规文化、强化监督问责等有组织、有计划的管理活动。

第四条 国资委负责指导、监督中央企业合规管理工作，对合规管理体系建设情况及其有效性进行考核评价，依据相关规定对违规行为开展责任追究。

第五条 中央企业合规管理工作应当遵循以下原则：

（一）坚持党的领导。充分发挥企业党委（党组）领导作用，落实全面依法治国战略部署有关要求，把党的领导贯穿合规管理全过程。

（二）坚持全面覆盖。将合规要求嵌入经营管理各领域各环节，贯穿决策、执行、监督全过程，落实到各部门、各单位和全体员工，实现多方联动、上下贯通。

（三）坚持权责清晰。按照“管业务必须管合规”要求，明确业务及职能部门、合规管理部门和监督部门职责，严格落实员工合规责任，对违规行为严肃问责。

（四）坚持务实高效。建立健全符合企业实际的合规管理体系，突出对重点领域、关键环节和重要人员的管理，充分利用大数据等信息化手段，切实提高管理效能。

第六条 中央企业应当在机构、人员、经费、技术等方面为合规管理工作提供必要条件，保障相关工作有序开展。

第二章　组织和职责

第七条　中央企业党委（党组）发挥把方向、管大局、促落实的领导作用，推动合规要求在本企业得到严格遵循和落实，不断提升依法合规经营管理水平。

中央企业应当严格遵守党内法规制度，企业党建工作机构在党委（党组）领导下，按照有关规定履行相应职责，推动相关党内法规制度有效贯彻落实。

第八条　中央企业董事会发挥定战略、作决策、防风险作用，主要履行以下职责：

（一）审议批准合规管理基本制度、体系建设方案和年度报告等。

（二）研究决定合规管理重大事项。

（三）推动完善合规管理体系并对其有效性进行评价。

（四）决定合规管理部门设置及职责。

第九条　中央企业经理层发挥谋经营、抓落实、强管理作用，主要履行以下职责：

（一）拟订合规管理体系建设方案，经董事会批准后组织实施。

（二）拟订合规管理基本制度，批准年度计划等，组织制定合规管理具体制度。

（三）组织应对重大合规风险事件。

（四）指导监督各部门和所属单位合规管理工作。

第十条　中央企业主要负责人作为推进法治建设第一责任人，应当切实履行依法合规经营管理重要组织者、推动者和实践者的职责，积极推进合规管理各项工作。

第十一条　中央企业设立合规委员会，可以与法治建设领导机构等合署办公，统筹协调合规管理工作，定期召开会议，研究解决重点难点问题。

第十二条 中央企业应当结合实际设立首席合规官，不新增领导岗位和职数，由总法律顾问兼任，对企业主要负责人负责，领导合规管理部门组织开展相关工作，指导所属单位加强合规管理。

第十三条 中央企业业务及职能部门承担合规管理主体责任，主要履行以下职责：

（一）建立健全本部门业务合规管理制度和流程，开展合规风险识别评估，编制风险清单和应对预案。

（二）定期梳理重点岗位合规风险，将合规要求纳入岗位职责。

（三）负责本部门经营管理行为的合规审查。

（四）及时报告合规风险，组织或者配合开展应对处置。

（五）组织或者配合开展违规问题调查和整改。

中央企业应当在业务及职能部门设置合规管理员，由业务骨干担任，接受合规管理部门业务指导和培训。

第十四条 中央企业合规管理部门牵头负责本企业合规管理工作，主要履行以下职责：

（一）组织起草合规管理基本制度、具体制度、年度计划和工作报告等。

（二）负责规章制度、经济合同、重大决策合规审查。

（三）组织开展合规风险识别、预警和应对处置，根据董事会授权开展合规管理体系有效性评价。

（四）受理职责范围内的违规举报，提出分类处置意见，组织或者参与对违规行为的调查。

（五）组织或者协助业务及职能部门开展合规培训，受理合规咨询，推进合规管理信息化建设。

中央企业应当配备与经营规模、业务范围、风险水平相适应的专职合规管理人员，加强业务培训，提升专业化水平。

第十五条　中央企业纪检监察机构和审计、巡视巡察、监督追责等部门依据有关规定，在职权范围内对合规要求落实情况进行监督，对违规行为进行调查，按照规定开展责任追究。

第三章　制度建设

第十六条　中央企业应当建立健全合规管理制度，根据适用范围、效力层级等，构建分级分类的合规管理制度体系。

第十七条　中央企业应当制定合规管理基本制度，明确总体目标、机构职责、运行机制、考核评价、监督问责等内容。

第十八条　中央企业应当针对反垄断、反商业贿赂、生态环保、安全生产、劳动用工、税务管理、数据保护等重点领域，以及合规风险较高的业务，制定合规管理具体制度或者专项指南。

中央企业应当针对涉外业务重要领域，根据所在国家（地区）法律法规等，结合实际制定专项合规管理制度。

第十九条　中央企业应当根据法律法规、监管政策等变化情况，及时对规章制度进行修订完善，对执行落实情况进行检查。

第四章　运行机制

第二十条　中央企业应当建立合规风险识别评估预警机制，全面梳理经营管理活动中的合规风险，建立并定期更新合规风险数据库，对风险发生的可能性、影响程度、潜在后果等进行分析，对典型性、普遍性或者可能产生严重后果的风险及时预警。

第二十一条　中央企业应当将合规审查作为必经程序嵌入经营管理流程，重大决策事项的合规审查意见应当由首席合规官签字，对决策事项的合规性提出明确意见。业务及职能部门、合规管理部门依据职责权限完善审查标准、流程、重点等，定期对审查情况开展后评估。

第二十二条 中央企业发生合规风险，相关业务及职能部门应当及时采取应对措施，并按照规定向合规管理部门报告。

中央企业因违规行为引发重大法律纠纷案件、重大行政处罚、刑事案件，或者被国际组织制裁等重大合规风险事件，造成或者可能造成企业重大资产损失或者严重不良影响的，应当由首席合规官牵头，合规管理部门统筹协调，相关部门协同配合，及时采取措施妥善应对。

中央企业发生重大合规风险事件，应当按照相关规定及时向国资委报告。

第二十三条 中央企业应当建立违规问题整改机制，通过健全规章制度、优化业务流程等，堵塞管理漏洞，提升依法合规经营管理水平。

第二十四条 中央企业应当设立违规举报平台,公布举报电话、邮箱或者信箱，相关部门按照职责权限受理违规举报，并就举报问题进行调查和处理，对造成资产损失或者严重不良后果的，移交责任追究部门；对涉嫌违纪违法的，按照规定移交纪检监察等相关部门或者机构。

中央企业应当对举报人的身份和举报事项严格保密，对举报属实的举报人可以给予适当奖励。任何单位和个人不得以任何形式对举报人进行打击报复。

第二十五条 中央企业应当完善违规行为追责问责机制，明确责任范围，细化问责标准，针对问题和线索及时开展调查，按照有关规定严肃追究违规人员责任。

中央企业应当建立所属单位经营管理和员工履职违规行为记录制度，将违规行为性质、发生次数、危害程度等作为考核评价、职级评定等工作的重要依据。

第二十六条 中央企业应当结合实际建立健全合规管理与法务管理、内部控制、风险管理等协同运作机制，加强统筹协调，避免交叉重复，提高管理效能。

第二十七条　中央企业应当定期开展合规管理体系有效性评价，针对重点业务合规管理情况适时开展专项评价，强化评价结果运用。

第二十八条　中央企业应当将合规管理作为法治建设重要内容，纳入对所属单位的考核评价。

第五章　合规文化

第二十九条　中央企业应当将合规管理纳入党委（党组）法治专题学习，推动企业领导人员强化合规意识，带头依法依规开展经营管理活动。

第三十条　中央企业应当建立常态化合规培训机制，制定年度培训计划，将合规管理作为管理人员、重点岗位人员和新入职人员培训必修内容。

第三十一条　中央企业应当加强合规宣传教育，及时发布合规手册，组织签订合规承诺，强化全员守法诚信、合规经营意识。

第三十二条　中央企业应当引导全体员工自觉践行合规理念，遵守合规要求，接受合规培训，对自身行为合规性负责，培育具有企业特色的合规文化。

第六章　信息化建设

第三十三条　中央企业应当加强合规管理信息化建设，结合实际将合规制度、典型案例、合规培训、违规行为记录等纳入信息系统。

第三十四条　中央企业应当定期梳理业务流程，查找合规风险点，运用信息化手段将合规要求和防控措施嵌入流程，针对关键节点加强合规审查，强化过程管控。

第三十五条　中央企业应当加强合规管理信息系统与财务、投资、采购等其他信息系统的互联互通，实现数据共用共享。

第三十六条　中央企业应当利用大数据等技术，加强对重点领域、关键节点的实时动态监测，实现合规风险即时预警、快速处置。

第七章　监督问责

第三十七条　中央企业违反本办法规定，因合规管理不到位引发违规行为的，国资委可以约谈相关企业并责成整改；造成损失或者不良影响的，国资委根据相关规定开展责任追究。

第三十八条　中央企业应当对在履职过程中因故意或者重大过失应当发现而未发现违规问题，或者发现违规问题存在失职渎职行为，给企业造成损失或者不良影响的单位和人员开展责任追究。

第八章　附　则

第三十九条　中央企业应当根据本办法，结合实际制定完善合规管理制度，推动所属单位建立健全合规管理体系。

第四十条　地方国有资产监督管理机构参照本办法，指导所出资企业加强合规管理工作。

第四十一条　本办法由国资委负责解释。

第四十二条　本办法自 2022 年 10 月 1 日起施行。

自治区属国有企业合规管理办法

第一章　总　则

第一条　为深入贯彻习近平法治思想，落实全面依法治国战略部署和全面依法治区工作要求，深化法治国企建设，推动自治区属国有企业加强合规管理，有效防控风险，有力保障深化改革与高质量发展，根据《中华人民共和国公司法》《中华人民共和国企业国有资产法》等有关法律法规，参照《中央企业合规管理办法》，制定本办法。

第二条　本办法适用于自治区人民政府授权自治区国资委履行出资人职责的自治区属国有企业。

第三条　本办法所称合规，是指企业经营管理行为和员工履职行为符合国家法律法规、监管规定、行业准则和国际条约、规则，以及公司章程、相关规章制度等要求。

本办法所称合规风险，是指企业及其员工在经营管理过程中因违规行为引发法律责任、造成经济或者声誉损失以及其他负面影响的可能性。

本办法所称合规管理，是指企业以有效防控合规风险为目的，以提升依法合规经营管理水平为导向，以企业经营管理行为和员工履职行为为对象，开展的包括建立合规制度、完善运行机制、培育合规文化、强化监督问责等有组织、有计划的管理活动。

第四条　自治区国资委负责指导、监督自治区属国有企业合规管理工作，对合规管理体系建设情况及其有效性进行考核评价，依据相关规定对违规行为开展责任追究。

第五条　自治区属国有企业合规管理工作应当遵循以下原则：

（一）坚持党的领导。充分发挥企业党委领导作用，落实全面依法治国战略和依法治区部署要求，把党的领导贯穿合规管理全过程。

（二）坚持全面覆盖。将合规要求嵌入经营管理各领域各环节，贯穿决策、执行、监督全过程，落实到各部门、各所属单位和全体员工，实现多方联动、上下贯通。

（三）坚持权责清晰。按照“管业务必须管合规”要求，明确业务及职能部门、合规管理部门和监督部门职责，严格落实员工合规责任，对违规行为严肃问责。

（四）坚持务实高效。建立健全符合企业实际的合规管理体系，突出对重点领域、关键环节和重要人员的管理，充分利用大数据等信息化手段，切实提高管理效能。

第六条 自治区属国有企业应当在机构、人员、经费、技术等方面为合规管理工作提供必要条件，保障相关工作有序开展。

第二章 组织和职责

第七条 自治区属国有企业要认真落实自治区人民政府办公厅《关于进一步完善国有企业法人治理结构的实施意见》（宁政办发〔2019〕51号）要求，加快健全完善相关制度机制，明确企业党委会、董事会、经理层的合规管理职责，促进各治理主体的权利责任和义务落实到位。

第八条 自治区属国有企业党委发挥把方向、管大局、保落实的领导作用，推动合规要求在本企业得到严格遵循和落实，不断提升依法合规经营管理水平。

自治区属国有企业应当严格遵守党内法规制度，企业党建工作机构在党委领导下，按照有关规定履行相应职责，推动相关党内法规制度有效贯彻落实。

第九条 自治区属国有企业董事会发挥定战略、作决策、防风险作用，主要履行以下职责：

（一）审议批准合规管理基本制度、体系建设方案和年度报告等。

（二）研究决定合规管理重大事项。

（三）推动完善合规管理体系并对其有效性进行评价。

（四）决定合规管理部门设置及职责。

第十条 自治区属国有企业经理层发挥谋经营、抓落实、强管理作用，主要履行以下职责：

（一）拟订合规管理体系建设方案，经董事会批准后组织实施。

（二）拟订合规管理基本制度，批准年度计划等，组织制定合规管理具体制度。

（三）组织应对重大合规风险事件。

（四）指导监督各部门和所属单位合规管理工作。

第十一条　自治区属国有企业主要负责人作为推进法治建设第一责任人，应当切实履行依法合规经营管理重要组织者、推动者和实践者的职责，积极推进合规管理各项工作。

第十二条　自治区属国有企业设立合规委员会，可以与法治建设领导机构合署办公，统筹协调合规管理工作，定期召开会议，研究解决重点难点问题。

第十三条　自治区属国有企业应当结合实际设立首席合规官，不新增领导岗位和职数，由总法律顾问兼任，对企业主要负责人负责，领导合规管理部门组织开展相关工作，指导所属单位加强合规管理。

第十四条　自治区属国有企业业务及职能部门承担合规管理主体责任，主要履行以下职责：

（一）建立健全本部门业务合规管理制度和流程，开展合规风险识别评估，编制风险清单和应对预案。

（二）定期梳理重点岗位合规风险，将合规要求纳入岗位职责。

（三）负责本部门经营管理行为的合规审查。

（四）及时报告合规风险，组织或者配合开展应对处置。

（五）组织或者配合开展违规问题调查和整改。

自治区属国有企业应当在业务及职能部门设置合规管理员，由业务骨干担任，接受合规管理部门业务指导和培训。

第十五条　自治区属国有企业合规管理部门牵头负责本企业合规管理工作，主要履行以下职责：

（一）组织起草合规管理基本制度、具体制度、年度计划和工作报告等。

（二）负责规章制度、经济合同、重大决策合法合规性审查。

（三）组织开展合规风险识别、预警和应对处置，根据董事会授权开展合规管理体系有效性评价。

（四）受理职责范围内的违规举报，提出分类处置意见，组织或者参与对违规行为的调查。

（五）组织或者协助业务及职能部门开展合规培训，受理合规咨询，推进合规管理信息化建设。

自治区属国有企业应当配备与经营规模、业务范围、风险水平相适应的专职合规管理人员，加强业务培训，提升他们胜任合规管理工作需要的专业知识和技能。

第十六条 自治区属国有企业纪检监察机构和审计、巡察、监督追责等部门依据有关规定，在职权范围内对合规要求落实情况进行监督，对违规行为进行调查，按照规定开展责任追究。

第三章 制度建设

第十七条 自治区属国有企业应当建立健全合规管理制度，明确总体目标、机构职责、运行机制、考核评价、监督问责等内容，根据适用范围、效力层级等，构建分级分类的合规管理制度体系。

第十八条 自治区属国有企业应当结合实际，制定合规管理运行机制的各项操作指引，或将合规管理要求纳入现有制度和管理流程。

第十九条 自治区属国有企业应当针对反垄断、招标采购、反商业贿赂、生态环保、安全生产、劳动用工、税务管理、数据保护等重点领域，以及合规风险较高的业务，制定合规管理具体制度或者专项指南。

第二十条 自治区属国有企业应当针对涉外业务重要领域，根据所在国家（地区）法律法规等，结合实际制定专项合规管理制度。

第二十一条 自治区属国有企业应当根据法律法规、监管政策等变化情况，及时对规章制度进行修订完善，对执行落实情况进行检查。

第四章　运行机制

第二十二条　自治区属国有企业应当建立合规风险识别评估预警机制，全面梳理经营管理活动中的合规风险，建立并定期更新合规风险数据库，对风险发生的可能性、影响程度、潜在后果等进行分析，对典型性、普遍性或者可能产生严重后果的风险及时预警。

第二十三条　自治区属国有企业应当将合规审查作为必经程序嵌入经营管理流程，重大决策事项的合规审查意见应当由首席合规官签字，对决策事项的合规性提出明确意见。业务及职能部门、合规管理部门依据职责权限完善审查标准、流程、重点等，定期对审查情况开展后评估。

第二十四条　自治区属国有企业应当建立双线有效的合规管理汇报机制。自治区属国有企业所属单位遇重大合规风险及事项，除及时向本单位主要负责人报告外，还须向集团公司合规管理部门报告，确保集团公司及时全面掌控合规风险情况。

自治区属国有企业发生合规风险，相关业务及职能部门应当及时采取应对措施，并按照规定向合规管理部门报告；发生重大合规风险事件，应当同时向自治区国资委报告。

自治区属国有企业因违规行为引发重大法律纠纷案件、重大行政处罚、刑事案件，或者被国际组织制裁等重大合规风险事件，造成或者可能造成企业重大资产损失或者严重不良影响的，应当由首席合规官牵头，合规管理部门统筹协调，相关部门协同配合，及时采取措施妥善应对。

第二十五条　自治区属国有企业应当建立违规问题整改机制，通过健全规章制度、优化业务流程等，堵塞管理漏洞，提升依法合规经营管理水平。

第二十六条　自治区属国有企业应当设立违规举报平台，公布举报电话、邮箱或者信箱，按照职责权限受理违规举报，并就举报问题进行调查和处理，对造成资产损失或者严重不良后果的，移交责任追究部门；对涉嫌违纪违法的，移交纪检监察机构。

自治区属国有企业应当对举报人的身份和举报事项严格保密，对举报属实的举报人可以给予适当奖励。任何单位和个人不得以任何形式对举报人进行打击报复。

第二十七条 自治区属国有企业应当完善违规行为追责问责机制，明确责任范围，细化问责标准，针对反映的问题和线索及时开展调查，按照有关规定追究违规人员责任。

自治区属国有企业应当建立所属单位经营管理和员工履职违规行为记录制度，将违规行为性质、发生次数、危害程度等作为考核评价、职级评定等工作的重要依据。

第二十八条 自治区属国有企业应当结合实际建立健全合规管理与法务管理、内部控制、风险管理等协同运作机制，加强统筹协调，避免交叉重复，提高管理效能。

第二十九条 自治区属国有企业应当定期开展合规管理体系有效性评价，针对重点业务合规管理情况适时开展专项评价，强化评价结果运用。

第三十条 自治区属国有企业应当将合规管理作为法治建设重要内容，纳入对所属单位的考核评价。

第五章 合规文化

第三十一条 自治区属国有企业应当将合规管理纳入党委法治专题学习，推动企业领导人员强化合规意识，带头依法依规开展经营管理活动。

第三十二条 自治区属国有企业应当建立常态化合规培训机制，制定年度培训计划，将合规管理作为管理人员、重点岗位人员和新入职人员培训必修内容。

第三十三条 自治区属国有企业应当加强合规宣传教育，及时发布合规手册，组织签订合规承诺，强化全员守法诚信、合规经营意识。

第三十四条　自治区属国有企业应当引导全体员工自觉践行合规理念，遵守合规要求，接受合规培训，对自身行为合规性负责，培育具有企业特色的合规文化。

第六章　信息化建设

第三十五条　自治区属国有企业应当建立有效运行的合规管理信息系统，结合实际将本企业合规制度、合规培训、典型案例、合规操作流程、合规风险清单、违规行为记录纳入信息系统，适时梳理完善、维护更新。

第三十六条　自治区属国有企业应当定期梳理业务流程，查找合规风险点，运用信息化手段将合规要求和防控措施嵌入流程，针对关键节点加强合规审查，强化过程管控。

第三十七条　自治区属国有企业应当加强合规管理信息系统与财务、投资、采购等其他信息系统的互联互通，实现数据共用共享。

第三十八条　自治区属国有企业应当利用大数据等技术，加强对重点领域、关键节点的实时动态监测，实现合规风险即时预警、快速处置。

第七章　监督问责

第三十九条　自治区属国有企业违反本办法规定，因合规管理不到位引发违规行为的，自治区国资委可以约谈相关企业并责成整改；造成损失或者不良影响的，自治区国资委根据相关规定进行责任追究。

第四十条　自治区属国有企业应当对在履职过程中因故意或者重大过失应当发现而未发现违规问题，或者发现违规问题存在失职渎职行为，给企业造成损失或者不良影响的，追究相关单位和人员责任。

第四十一条　自治区属国有企业已经建立完备有效的合规管理体系，经评估符合有关要求的，可以作为减轻或者免除责任追究的考量因素。

第八章　附　则

第四十二条　自治区属国有企业应当根据本办法，结合实际制定完善合规管理制度，推动所属单位建立健全合规管理体系。

第四十三条　各地市国资委参照本办法，指导所出资企业加强合规管理工作。

第四十四条　本办法由自治区国资委负责解释。

第四十五条　本办法自印发之日起施行。

银川市属国有企业合规管理办法

第一章　总　则

第一条　为深入贯彻学习习近平法治思想，落实全面依法治国战略部署，进一步推动市属国有企业全面加强合规管理，有效防控经营风险，保障企业持续稳定健康发展，根据《中华人民共和国公司法》《中华人民共和国企业国有资产法》等有关法律法规规定，制定本办法。

第二条　本办法所称市属国有企业，是指银川市政府国有资产监督管理委员会（以下简称市国资委）履行出资人职责的国家出资企业。

本办法所称合规，是指企业及其员工的经营管理行为符合法律法规、监管规定、行业准则和企业章程、规章制度以及国际条约、规则等要求。

本办法所称合规风险，是指企业及其员工因不合规行为，引发法律责任、遭受相关处罚、造成经济或声誉损失以及其他负面影响的可能性。

本办法所称合规管理，是指以有效防控合规风险为目的，以企业和员工经营管理行为为对象，开展包括制度制定、风险识别、合规审查、风险应对、考核评价、责任追究、合规培训等有组织、有计划的管理活动。

第三条　市国资委负责指导监督市属国有企业合规管理工作。

第四条　企业应当健全合规管理制度，完善合规管理组织架构，明确合规管理责任，全面构建合规管理体系，有效防控合规风险，确保企业依法合规经营。

企业应当树立合规经营意识，培育合规文化，将其作为企业文化建设的重要内容，树立依法合规、守法诚信的价值观，不断提升广大员工的合规意识和行为自觉，营造依规办事、按章操作的良好文化氛围。

第五条　企业应当按照以下原则加快建立健全合规管理体系：

（一）全面覆盖。合规管理应当覆盖各业务领域、各部门、

各级子公司和分支机构、全体员工，贯穿决策、执行、监督全流程。

（二）强化责任。把加强合规管理作为企业主要负责人履行推进法治建设第一责任人职责的重要内容。建立全员合规责任制，明确管理人员和各岗位员工的合规责任并督促有效落实。

（三）协同联动。推动合规管理与法律风险防范、纪检监察、

审计、内控、风险管理等工作相统筹、相衔接，确保合规管理体系有效运行。

（四）客观独立。严格依照法律法规等规定对企业和员工行为进行客观评价和处理。合规管理（牵头）部门独立履行合规管理职责，不受其他部门和人员的干涉。

第二章　组织机构和职责

第六条　党委（党总支、支部）的合规管理职责主要包括：

（一）全面领导、统筹推进合规管理工作；

（二）推动科学立规、严格执规、自觉守规、严惩违规；

（三）研究合规管理负责人人选、合规管理（牵头）部门设置；

（四）对董事会、高级管理人员的合规经营管理情况进行监督；

（五）对合规管理的重大事项研究提出意见；

（六）按照权限研究或决定对有关违规人员的处理事项。

第七条 董事会的合规管理职责主要包括：

（一）推动完善合规管理体系、统筹协调企业合规管理工作；

（二）批准企业合规管理战略规划、基本制度；

（三）决定合规管理负责人的任免；

（四）决定合规管理（牵头）部门的设置和职能；

（五）研究决定合规管理有关重大事项；

（六）章程规定的其他合规管理职责。

第八条 经理层的合规管理职责主要包括：

（一）根据董事会决定，建立健全合规管理组织架构；

（二）批准合规管理具体制度；

（三）批准合规管理计划，采取措施确保合规管理制度得到有效执行；

（四）明确合规管理流程，确保合规要求融入业务领域；

（五）及时制止并采取措施纠正不合规的经营行为；

（六）章程或者经董事会授权的其他合规管理职责。

第九条 遵循最密切联系原则，企业可在董事会设立合规委员会，也可以与企业法治建设领导小组或者负责战略与决策、风险管理专门委员会等机构合署，承担合规管理的组织领导和统筹协调工作，定期召开会议，研究合规管理重大事项或提出意见建议，指导、监督和评价合规管理工作。

第十条 企业应当明确合规管理负责人。合规管理负责人由总法律顾问或者企业相关负责人担（兼）任，为公司高级管理人员。主要职责包括：

（一）组织制订合规管理战略规划；

（二）参与企业重大决策并提出合规意见和建议；

（三）召集和主持合规管理联席会议；

（四）领导合规管理（牵头）部门开展工作；

（五）向董事会和总经理汇报合规管理重大事项；

（六）章程、董事会或合规委员会确定的其他合规管理职责。

第十一条　企业可以设立合规管理部门，也可以明确由法律事务机构或其他相关部门为合规管理牵头部门，组织、协调和监督合规管理工作，为其他部门提供合规管理支持。主要职责包括：

（一）研究起草合规管理计划、基本制度和具体制度规定；

（二）持续关注法律法规变化，组织开展合规风险管理；

（三）参与企业重大事项合规审查；

（四）组织开展合规检查与考核评估，对制度和流程进行合规性评价，督促整改和持续改进；

（五）参与业务部门对重要商业伙伴的合规调查；

（六）指导企业各部门、各级子公司和分支机构的合规管理工作；

（七）受理职责范围内的举报，组织或参与对举报事件的调查，并提出处理意见和建议；

（八）组织或协助业务部门、人力资源部门合规培训；

（九）章程、董事会或合规委员会确定的其他合规管理职责。

规模较小或合规风险较低的企业，可以设立合规专员，或者将合规管理职责归入法律事务机构行使。

第十二条　合规管理负责人、合规管理人员应当具有与其履行职责相适应的经验和专业知识，熟练掌握法律法规、监管规定、行业准则、企业内部管理制度等要求。

第十三条　业务部门负责本领域的日常合规管理工作，按照合规要求完善业务管理制度和流程，主动开展合规风险识别和隐患排查，发布合规预警，组织合规审查，及时向合规管理牵头部门通报合规风险事项，妥善应对合规风险事件，做好本领域合规培训和商业伙伴合规调查等工作，组织或配合合规调查并及时整改。

第十四条 建立双线有效的合规管理汇报制度。遇重大合规风险及事项，各子公司的合规管理部门除及时向本企业主管合规工作负责人报告外，还须向集团公司合规管理（牵头）部门报告，确保企业最高管理层及时掌控合规风险情况。

第十五条 科学有效确立合规风险控制的三道防线，业务部门是防范合规风险的第一道防线，业务人员及其负责人应当承担首要合规责任；合规管理（牵头）部门是防范合规风险的第二道防线，同时也是合规管理体系建设的责任单位；内部审计和纪检监察部门是防范合规风险的第三道防线，负责合规审计和监督企业整体风险防控。

第十六条 纪检监察、审计、法律、内控、风险管理、安全生产等其他相关部门按照职责分工，在职权范围内履行合规管理职责，设合规联络员。业务部门以设合规联络员或者配备合规专员的方式，全面参与合规管理。

第三章 合规管理重点

第十七条 企业应当根据外部环境变化，在全面推进合规管理的基础上，结合自身实际，明确应当特别关注的重点领域、重点环节和重点人员，切实防范管理风险。

第十八条 加强对以下重点领域的合规管理：

（一）公司治理。全面落实“三重一大”决策制度，强化制度文件合规审查，提升决策有效性，保障党委会、董事会、经理层等依据法律规定正确履职，实现党的领导与公司治理有效融合。

（二）市场交易。完善交易管理制度，严格履行决策批准程序。规范交易行为，建立健全自律诚信体系，重点关注招投标、政府采购、产权交易、反商业贿赂、反垄断、反不正当竞争和关联交易等领域，积极营造公平公正的市场环境。

（三）合同管理。树立审慎签约、诚信履约的合规文化。重视合同管理与合规审查，关注商业条款及商业条件不对等的商业合同。

（四）产品质量。完善质量体系，加强过程控制，严把各环节质量关，提供优质产品和服务。

（五）安全环保。严格执行国家安全生产、环境保护法律法规，完善企业生产规范和安全环保制度，加强监督检查，及时发现并整改违规问题。

（六）劳动用工。严格遵守劳动法律法规，健全完善劳动合同管理制度，规范劳动合同签订、履行、变更、竞业禁止约定内容、终止和解除，切实维护劳动者合法权益。

（七）财务税收。健全完善财务内部控制体系，严守财经纪律，严格遵守财务规章制度、规范，严格执行财务事项操作和审批流程。坚持依法纳税，严格遵守税收法律政策。

（八）知识产权。及时申请注册知识产权成果，规范实施许可和转让，及时制止外部侵权行为，加强对商业秘密和商标的保护，依法规范使用他人知识产权，防止侵犯他人权益。

（九）信息安全。强化信息安全保护的有效性与执行性，采取全面可行的保护措施，防止重大商业信息与内幕信息泄露。尊重业务伙伴和客户的隐私信息。依法合规规范采集、处理、保存和使用个人信息。

（十）商业伙伴。对重要商业伙伴组织开展合规尽职调查，根据结果相应采取商业伙伴作出合规承诺、签订合规协议、增加合规条款等措施，促进商业伙伴行为合规。

（十一）礼品与商务接待。禁止超规格、超标准接受或送出礼品以及超标准接受或组织商务宴请，维护正常商业关系与市场秩序。

（十二）社会捐赠与赞助。严格审批程序，防止因不当捐赠与赞助导致的社会负面评价与不良效果。

（十三）其他需要重点关注的领域。

第十九条 加强以下重点环节的合规管理：

（一）制度制定环节。强化对规章制度、改革方案等重要文件的合规审查，确保符合法律法规、监管规定等要求。

（二）经营决策环节。严格落实“三重一大”决策制度，细化各层级决策事项和权限，加强对决策事项合规论证把关机制，保障决策依法合规。

（三）运营管理环节。严格执行合规制度，加强对重点流程的监督检查，确保经营过程中照章办事、按章操作。

（四）其他需要重点关注的环节。

第二十条 加强对以下重点人员的合规管理：

（一）管理人员。促进管理人员切实提高合规意识，带头依法依规开展经营管理活动，认真履行承担的合规管理职责，强化考核与监督问责。

（二）重要风险岗位人员。聚焦重点领域和关键环节，明确界定高风险岗位，有针对性加大培训力度、强化监督管理责任、

细化违规处罚等，使高风险岗位人员熟悉并严格遵守业务涉及的法律法规规章制度等各项规定。

（三）其他需要重点关注的人员。

第四章 合规管理运行

第二十一条 建立健全合规管理制度，制定全员普遍遵守的合规行为规范和合规管理制度，针对重点领域合规风险制定专项合规管理制度。根据法律法规变化和监管动态，及时将外部有关合规要求转化为内部规章制度。

第二十二条 建立健全合规审查机制，将合规审查作为规章制度制定

和重大事项决策、重要合同签订、重大项目运营、大额采购销售、大额资金管理等经营管理行为的必经程序，及时对不合规的内容提出修改建议，未经合规审查不得实施。

第二十三条 建立合规联席会议机制，将合规管理与现有管理体系相衔接。联席会议由合规管理负责人召集和主持，通过定期会议指导协调合规管理工作，研究解决合规管理中存在的问题。联席会议日常工作由合规管理（牵头）部门承担。

第二十四条 建立合规风险监测预警机制，全面系统识别和梳理经营管理活动中存在的合规风险，建立企业合规风险清单，对风险发生的可能性、影响程度、潜在后果等进行系统分析评价，对于典型性、普遍性和可能产生较严重后果的风险持续监测并及时发布预警。

第二十五条 建立合规风险应对机制，针对发现的风险制定预案，采取有效措施，及时应对处置。对于重大合规风险事件，合规委员会统筹协调，合规管理负责人牵头，相关部门协同配合，最大限度化解风险、降低损失。

第二十六条 建立强制合规咨询机制，涉及重大合规风险领域的业务部门，要及时将有关业务提交合规管理（牵头）部门进行事前咨询，主要领域包括但不限于重要合同、海外业务、财务税收、政府事务、采购销售等。

第二十七条 建立合规管理评估机制，合规管理牵头部门定期对企业合规管理体系的有效性、适当性和充分性进行分析评价，对重大或反复出现的合规风险和问题，深入查找根源，完善相关制度，堵塞管理漏洞，强化过程管控，持续改进提升。必要时，可以聘请第三方中介机构参与评估。

内部审计部门定期对企业合规管理体系的有效性、适当性和充分性进行合规审计，并及时将合规审计结果以及合规审计中发现的合规管理问题通报合规管理（牵头）部门。

第二十八条 建立合规举报和调查问责机制，畅通举报渠道，保障企业员工有权利和途径举报违法违规行为。建立完善违规行为处罚制度，明晰违规责任范围，细化惩处标准，经调查核实，确有违规行为的，根据违规处罚办法进行相应处理，涉及违法犯罪的，移交司法机关处理。

企业应确立合规调查基本方式和程序，合规举报调查要与纪检监察部门举报调查相结合，根据侧重点不同进行分工协作。禁止对合规举报的任何打击报复，一旦发现，依法依规严肃惩处。

第五章 合规管理保障

第二十九条 落实领导责任。充分发挥企业主要负责人“关键少数”作用，认真履行推进本企业法治建设第一责任人职责，把合规管理工作作为谋划、部署法治国企建设全局工作的重要内容，对工作中的重点难点问题，亲自部署、亲自研究、亲自协调、亲自督办。

第三十条 加强合规考核评价，把合规经营管理情况纳入对各部门和所属企业负责人的年度综合考核，细化考核评价指标。

对所属单位和员工合规履职情况进行评价，并将考核评价结果作为员工考核、干部任用、评先选优等工作的重要依据。企业将把合规管理工作作为重要内容，纳入企业法治建设考核评价和总法律顾问述职评议内容。

第三十一条 加强合规管理信息化建设，通过信息化手段优化管理流程，记录和保存相关信息。运用大数据等工具，加强对经营管理行为依法合规情况的在线监控和风险分析，实现信息集成和共享。

第三十二条 完善激励约束机制，对在合规管理体系建设中作出重要成绩、有效防范重大合规风险或对挽回重大损失作出突出贡献的集体和个人，应当予以表彰和奖励；对于落实合规管理工作不力，忽视重大合规风险或违规经营造成重大损失的，要严肃问责，按照有关规定追究企业相关领导及人员责任。

第三十三条　建立专业化、高素质的合规管理队伍，根据业务规模、合规风险水平等因素配备合规管理人员，持续加强业务培训，提升队伍能力水平。

第三十四条　重视合规培训，结合法治宣传教育，建立制度化、常态化培训机制，加强全员合规知识和能力的教育培训，确保员工理解、遵循企业合规目标和要求。

第三十五条　积极培育合规文化，通过制定发放合规手册、签订合规承诺书等方式，强化全员安全、质量、诚信和廉洁等意识，树立依法合规、守法诚信的价值观，筑牢合规经营的思想基础。

第六章　附　则

第三十六条　市属国有企业根据本办法，结合实际制定合规管理制度，全面加强和指导所属企业的合规管理工作。

第三十七条　各县（市）区财政部门（国资）可以参照本办法，积极推进所出资企业合规管理工作。

第三十八条　本办法由银川市国资委负责解释。

第三十九条　本办法自发布之日起施行。